普天之下·盡是好書

普天

用幽默輕鬆溝通全集

塞德娜 編著

拉布曾說：「幽默是話不投機的救生圈。」
其實，詼諧幽默是彼此交談最好的潤滑劑，也就是說當你遇到自己不感興趣的問題，
不知道該跟對方說什麼的時候，就越是必須用極出色的幽默感與對方溝通。

用輕鬆幽默的心態面對人生

Communication
with

Humor

高爾基曾說：「假使過分認真嚴肅地看待人生，那麼人生就會枯燥乏味。」
的確，「人生」自古以來就是「這樣」，不外就是由痛苦、無奈和別離串連而成，然而，
當我們面對這樣的人生無常，與其選擇用冷漠的心態來看待還不如用幽默輕鬆的心態來因應和面對。

出 版 序　　　　　　　　　　　　　　　● 塞德娜

與人溝通要幽默圓融

人和人之間時時都需要溝通，但是過分直接容易傷人，因而我們要學習怎麼轉彎表達，讓彼此的交流得出最好的成果。

　　作家拉布曾說：「幽默是話不投機的救生圈。」

　　確實如此，詼諧幽默是彼此交談最好的潤滑劑，當你遇到自己不感興趣的問題，不知道該跟對方說什麼的時候，就越是必須用極出色的幽默感與對方溝通。

　　生活不免遇上讓人啼笑皆非的人，這一類人總是不懂得審時度勢，總是言行唐突。若是真的無知倒也罷了，偏偏有些人臉皮厚實，總不懂為別人著想，只知道關照自己的情緒，只想得到自己的需求，卻不知道有些話和事，實在不適宜隨便提出。

　　好像下面這個小事例，若非女主人輕鬆看待，懂得幽默回應，結果恐怕不是普通的尷尬局

面啊！

有個男人忽然出現在蘇珊家的門口，只見他十分激動地對蘇珊說：「您好，我是您丈夫生前最好的伙伴，我很想向您要一件他的遺物以資紀念，請您答應好嗎，夫人？」

蘇珊點了點頭，回答說：「好，我就是他的遺物！」

好一句「我就是他的遺物」，聰明的蘇珊不僅沖淡了喪夫的悲痛氣氛，更同時表現出她面對丈夫往生的堅強，不是嗎？

生活周遭總會有些說話不得體，或行事作風不識大體的人，遇上這樣的人我們不必怒目相向，更不必鄙夷皺眉，只需要像蘇珊一般幽默回絕，冷靜微笑回應之，再麻煩的人物也會懂得退步，畢竟我們已經搭好台階讓他們下，他們總不會不知道要趁機下台，好保留住面子吧！

要是擔心對方不能聰明領會己意，卻又不好直接表明，不妨多學學拐個彎說話，特別是暗示的方法。

一個牧師有個十分懶惰的廚師，一連好幾天都沒有上街買菜，沒有材料要怎麼做菜？情況是這樣的，這廚師幾天前烹調了一堆菜，只有牧師和他兩人，肯定吃不完這麼多食物，如此一

來，每一道菜想必會剩下很多。廚師接下來一連好幾天都不必煮菜了，只需要將相同的菜餚熱一熱就可以端上桌啦！

這一切牧師也了然於心，一連好幾天默默地吃著這些「剩菜剩飯」，一句抱怨也沒有。

直到兩三天之後，廚子發現牧師與往常有些不同，問道：「先生，請問您這幾天為什麼沒禱告就開動了呢？」

牧師聽了這話，笑著對他說：「你應該知道的，這桌上的每道菜我至少都已經謝過兩次了啊！」

廚師一聽，滿臉通紅地低下頭，不敢面對廚師。

相同的情況若換作是你，會怎麼處理，是直接斥責廚子，還是找個好時機，給他一個機會教育呢？

體貼關照廚子面子的牧師，沒有情緒性地表現不滿，更沒有大聲怒責他偷懶，而是靜靜地一口一口吞嚥著這些反覆加熱的剩菜，這其中或者也隱著他的珍惜心，畢竟食物仍然可貴，只是不再新鮮美味。

暫忍幾頓飯之後，牧師不再「沉默」，卻依然用心想辦法暗

示廚師的過錯。不見他的直斥聲，而是溫和地表示「反覆禱告」的可笑，並暗示廚子該是更換新鮮飯菜的時候。

　　無論是蘇珊還是牧師，他們的冷靜與理性，他們的體貼與禮貌，都十分清楚地在故事中表現出來，旨意更是告訴我們：「人和人之間時時都需要溝通，也時時都要表達真心話，但是過分直接容易傷人，因而我們要學習怎麼轉彎表達，讓彼此間的溝通交流能夠得出最好的成果。」

　　作家查爾斯曾經這麼說：「機智的舌頭往往比幼稚的拳頭，有更大的作用。」

　　想要生活過得圓融，就要學學用幽默的方式和別人輕鬆溝通。

　　動不動就跟別人發生口角、衝突，只會突顯自己欠缺溝通能力，機智和幽默的語言無疑是調和人際關係的最佳利器。

出•版•序　與人溝通要幽默圓融

•塞德娜

Part 1

與其惺惺作態，不如直率對待

表面工夫人人易裝，

能看見一個人的真性情實屬難得。

新朋友也好，舊知交也好，

要能以禮對待，更要能誠懇坦率。

Part 2

用輕鬆的態度看待小事

生活是否快樂，常取決於我們的態度，

處世能包容寬待，才能常得順心時，

待人溫暖寬容，方能常得知心人。

讓人難堪，只會引起爭端

與人相處要以和為貴，不臭臉相對，
不惡言相向，因為再惡的人也會俯首於溫柔的對待，
再冷漠的人也難以拒絕親切的微笑！

靈活運用說話技巧，成效會更好

轉個彎說話，不必明說也能讓人得到啟發，
不必點破也能讓人聯想到問題的核心，
這些正是聰明人解決問題最常用的技巧。

多點讚美，關係會更和諧

強勢女人不妨對男人多一點鼓勵，
習慣高高在上的大男人，
不妨給女人多一點讚美，
彼此便會因為這份體貼心而更加和諧緊密。

與其口是心非，不如機智應對

不必口是心非說假話，
也不必昧著良心編謊話，
當脾氣或真實感受不能直接表示出來時，
不妨轉個彎，或是借物比喻。

Part 7

想改變壞習慣，先改變壞思想

想要改變一個人的壞習慣，就要先改變他的壞思想。
想要改變一個人的思想，
就要先站在他的立場多替他想一想。

找出問題，才不會白白努力

不管你的學識有多高，如果不能把事情辦好，
再怎麼能幹也沒有用。弄不懂狀況，
不論付出再多的努力，都是徒勞無功。

別讓幽默變成荒謬

做人當然要幽默，但是自以為是的幽默，
往往使自己的說詞變得荒謬。
想要展現幽默化解尷尬之前，
先想想自己編的理由是不是天方夜譚！

真心誠意，人生才會快意

不想勉強自己，
就不要強迫自己曲意奉承，
勇敢向對方表達心意，
也坦率告知對方你的想法，
相信多數人都會體貼諒解的。

Part 11

忠實做自己，才能解決問題

別人要怎麼看、怎麼想，
往往不是你能夠主宰的。
去做「自己認為對」的事，
比去做「別人可能會喜歡」的事情更重要。

PART 1

與其惺惺作態,
不如直率對待

表面工夫人人易裝,
能看見一個人的真性情實屬難得。
新朋友也好,舊知交也好,
要能以禮對待,更要能誠懇坦率。

等待別人會意，不如明白表達心意

再默契知交的朋友也有意見不合時，與其等待對方聰明會意，不如明白表達自己的心意，或許更能得到體貼回應。

人們常說，在爾虞我詐的環境中，事事要留一手，表達心意時更要多留幾分，只是這一「留」，真有助於減免人與人之間的誤解和爭端嗎？

留與不留總得看情況而定，對於不懂得怎麼表達心意的人，或悟性不高的人，有些話和事還是得清楚講明，才有助於彼此的溝通，不至於誤會叢生。

麥克一走進餐館，便往窗邊的桌子走去，坐下後，低頭看了看桌上的餐單，點了一道蕃茄湯。服務生點了點頭，轉身到廚房裡端出一碗熱騰騰的湯來。

過了一會兒，麥克忽然把服務生叫了過來，冷冷地對他說道：「對不起，這湯我實在不知道該怎

麼喝。」

　　服務生不解地看著他，把餐單拿來，請麥克重新再點一道湯，但是換了另一道湯，麥克還是冷冷地把他叫住：「實在很對不起，這湯我還是喝不了。」

　　聽見麥克這麼說，服務生心裡不悅地想：「該不會是遇到難纏的客人吧！」

　　一再換湯，讓服務生越來越光火，儘管他知道不能讓這個「麻煩」人物一再換湯，卻始終找不到對策，到最後只得請出經理來解決這個難題。

　　經理畢恭畢敬地對麥克點點頭，然後親切問道：「先生，這道湯可是本店最拿手的湯品，是本店最受歡迎的，不知道您對它……」

　　聽到這兒，麥克連忙打斷經理的解說，兩手一攤，看著桌上的湯說：「先生，我從未說過這幾道湯的味道不好呀！但就算它們的味道真的很鮮美，我還是沒辦法喝啊！因為，沒湯匙我要怎麼喝啊？」

　　經理一看，連忙致歉，對麥克說：「對不起，對不起，是我們的疏忽了，我們會立即把湯匙送來。」

　　麥克是不是「奧客」其實見仁見智，但服務生的服務態度卻得給予肯定，即便他一再出現疏失。只是，從這一只簡單的「湯匙」身上，我們發現許多人和人之間溝通態度的問題。

　　如果是你，會怎麼處理這件事呢？

　　當麥克不滿地叫來服務生，始終不把真正問題說開，態度很差地反應「不知道怎麼喝湯」時，體貼的人想必早已忍不住想責備他了，用暗示的方式指責對方缺失，遲遲不肯把問題明確表達

出來，讓問題僵在那兒，讓人無法了解問題核心，還讓風波越演越烈，究其責，麥克必然脫不了關係。

　　從人際交流的角度來思考，我們隱約得到一個叮嚀，對人要多一份體貼，不要事事都以「理所當然」的標準來提出要求，沒有人理應配合你的認知標準辦事，更沒有人應該充分了解你的內心並配合你的情緒。

　　再心靈相通的人也有心意未通時，再默契知交的朋友也有意見不合時，與其等待對方聰明會意，不如明白表達自己的心意，或許更能得到體貼回應。

　　下一次遇到同樣狀況，別再臭臉相迎，服務生忘了送上湯匙，不妨微笑提醒：「能不能給我根湯匙，舉起碗大口喝湯畢竟不太優雅！」

勉強只會讓溝通出現鴻溝

 每個人都很明白自己想要什麼，只不過很多時候，太在意別人怎麼說，卻聽不見自己怎麼說，最終不僅失去自己，更讓人看輕。

　　人際關係經常出現的種種問題，有不少是因為「勉強配合」而產生的，有的人表面上看似同心卻別有所思，行動一致卻暗中抱怨連連，這樣一來又怎麼能得到完美的結果？

　　因此，給人意見，不要非得逼著對方一定要實現；即使學會了尊重他人意見，自己的聲音也要能聽見。

　　留了一頭長髮的約翰看起來像個女孩子，與他不熟識的人常常背地裡笑他是個「娘娘腔」！

　　他的朋友們雖然也覺得那頭長髮很不適合他，但是從不拿這事兒與他開玩笑，因為他們都知道，他飄逸的長髮之下是一身厚實的肌肉，性格更是固執頑強，是開不得玩笑的。

　　每個月，約翰都會到理髮店兩次，每次不是單純洗頭，便是略微修剪一下頭髮，有一天設計師忍不住對他說：「約翰，你為什麼不讓我把頭髮剪了呢？只要你肯乖乖地讓我修剪一番，我保證讓你變個面貌，誰也認不出你來！」

　　約翰一聽，皺著眉說：「我也許該相信你，不過，請你也要相信我，如果你真敢把我的頭髮剪了，到時候，我保證也會讓人

認不出你是誰！」

對於身邊的人，我們常常希望對方配合我們的要求，然而許多情況是個人認知的問題，實在不宜強迫對方，因為主觀價值的不同，一味強迫對方跟著自己的盼望行動，反而容易造成不必要的人際衝突，就像約翰與理髮師的對話，便隱約間暗藏著的火藥味。

當然在人際關係溝通時，要尊重別人的意見，卻不能放棄自己的想法，多聽別人意見，也不忘記聽見自己的心聲，如此一來，才能快意地生活，也才能自在地與人交流。

從另一個角度來說，知道自己想要什麼，也清楚看見自己的目標，那麼無論外在面貌如何，都不必管他人怎麼說。

有個披頭散髮、滿臉鬍子的男子匆匆走進一間髮廊，用力地坐到椅子上，然後著急地說：「誰？快幫我理一理！」

一名男設計師上前問：「你想要什麼款式？」

「什麼款式？你只要幫我剃一剃頭，刮一刮臉就好，我只是想看清楚自己本來的面目罷了。」男子大聲地說。

被毛髮遮住臉龐還算小事，若是心眼看不見自己，即便毛髮

剃了精光也是枉然。不能跟隨自己的心思心意行走，不能自信肯定自己，包裝得再精緻也徒然，一旦拆封，我們還是無法面對真實的自己。

連自己都不明白自己，又怎能得到別人的支持與肯定？

其實，每個人都很明白自己想要什麼，只不過很多時候，我們太在意別人怎麼說，卻聽不見自己怎麼說，或是苦悶地遵從人們的要求，不敢誠實說出心中的聲音，最終不僅失去自己，更讓人看輕。

一如這兩則故事的共同旨意：「理性尊重別人的建議，但自己也要坦白，更要堅持聆聽自己的聲音，人和人之間才能更進一步和諧共處！」

情況越複雜，越要明快解答

良好的溝通確實需要技巧，該轉彎時要聰明轉彎，該坦白時更要勇敢直言，如此才能讓人際關係少一點衝突，多一點體貼和諒解。

溝通不良，有不少情況是話不願說得清楚明白，或是常留給人過大的猜測空間，終至好話也成了有心八卦，一心誠意溝通最終也成了惡意找碴。

不是所有的對話都要兜著圈子解答，情況越是複雜，越是簡潔坦白越能讓人清楚你心中的話，就好比身處在複雜的人事關係中，越懂單純表態，越能遠離繁雜的是非圈。

活用智慧，多元溝通，這樣才能使自己的人際交流更為通暢無礙！

科恩和格林坐在同一個車廂內，在科恩的上方擺放了一個大行李箱子。

查票員走來，抬頭看了看那只箱子，對著科恩說：「先生，這個大箱子不能隨身攜帶，必須託運。」

科恩一聽，搖了搖頭說：「不，我不能隨便決定是不是要託運。」

查票員又說：「先生，我得按規矩辦事，您這樣實在太難為我了。」

　　「我怎麼為難你了？我只是說我不能決定託運罷了！」科恩不滿地說。

　　「你真是愛開玩笑，箱子就在你頭上，為何不能決定？」查票員情緒也來了，兩個人就莫名其妙地吵了起來。開始爭吵後，科恩的態度更顯強硬，即便列車長來了也安撫不了科恩的情緒。

　　直到某個車站，列車長請了鐵路警察來處理。

　　一看見科恩，警察便大聲吼道：「先生，您必須立刻把箱子拿去託運！」

　　聽見警察的大聲怒吼，科恩顯得有些畏懼，不過他仍然堅持道：「不！」

　　警察一聽更加火了，更大聲追問：「為什麼不要？」

　　科恩也不甘示弱地大吼著：「因為那箱子不是我的！」

　　「啥？」警察和列車長一聽，全都傻眼。

　　「不然，那箱子是誰的？」列車長好言問著。

　　「我這個朋友的，就是這一位。」科恩指著坐在他身邊的格林解釋道。

　　警察、列車長、查票員全移轉目光，一個個怒目看著格林，並齊聲吼道：「你！為什麼不託運這個箱子啊？」

　　格林一派事不關己的神情說：「我要怎麼說呢？又沒有人對

我說過呀！」

　　一句話就可以解決的事，偏偏轉了那麼多圈，最後才坦白事實真相，何苦如此浪費彼此的時間和精力？

　　在我們生活周遭，不也有許多人和科恩一樣，與人溝通時總喜歡這樣繞圈子，以為多繞幾圈，可以讓人際溝通多一些緩和空間，但事實上這圈總越繞越遠，心中真正想表達的意見也越說越模糊。

　　良好的溝通確實需要技巧，不過，表達意見總得視情況而定，該轉彎時要聰明轉彎，該坦白時更要勇敢直言，如此才能讓人際關係少一點衝突，多一點體貼和諒解。

　　一如故事中的科恩與格林，兩個人若能在第一時間坦白，便能少去這樣大陣仗的質問與斥責。

　　人際溝通並沒有想像中那樣難為，很多時候是我們不願坦誠以對，不夠誠實應對，以致於讓人失去信任感，總持懷疑態度看待人事。

用心生活，才能避免災禍

若是多一點注意，多用心觀察，不難發現其中潛藏的危機，但是只要能小心理會，謹慎應對，總能轉危為安，人禍不再。

為災禍找出原因，不難發現不少意外總為人禍，再為人禍究責，答案始終與命盤數術無關，關鍵常常是人們的一個「漫不經心」。

希望人生平安順遂，就要能時時保持警惕心，意外災禍自能避免。生活始終把握在自己的手中，處世謹慎，生活小心，人為禍殃自然能避開。

頗具幽默感的美國人，常把他們的幽默感發揮在日常生活中，在嚴肅的公路上，他們喜歡把制式的警告改成幽默的叮嚀，讓人們在會心一笑之餘，更懂得遵守交通安全的重要。

某個海岸公路上，有一段急轉彎處，為提醒駕駛們別開太快，免得煞車不及直接衝入大海中，他們在轉彎前立了這麼一個告示牌：「如果您的車子會游泳，直開，不必煞車！」

他們不用聳動的「小心」二字，而是趣味地提醒車主，若不能飛也不能下水，就別衝得太快，看見的人很難不輕輕一笑，精神也會因之一振，這不僅直接提供了駕駛人一劑提神良方，更豐富了旅人的生活記憶。

如果覺得這留言不夠精采，那麼這裡再來一句交通安全的幽

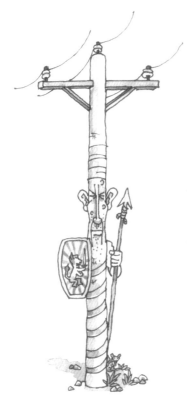

默告示，或許更將引人哈哈大笑。

那是立在某個路口的警告牌，上面這麼寫著：「是的，電線桿自衛時，常常逼不得已把敵人殺了！」

好一句「逼不得已」，生活中多少人是逼不得已，得去面對連串的意外災禍，這些災禍難道不能避免嗎？

一句話暗喻生命中的任何可能，卻也強烈地提醒著我們：「再多的意外災害總有因有果，不想結成錯誤的果實，別忘了，要小心生活，用心生活。」

不少意外的發生總是人為的疏失，好像那些貪戀杯中物的酒客，總因為一時貪杯，以致昏頭昏腦開車上路，導致意外發生，既傷別人又傷自己，追究其責，要怪自己嘴饞呀！

從另一個角度反省，只為滿足一時酒癮，卻換得兩方親人們的哭泣悲傷，你怎麼忍心這麼做？

關於交通安全之責，多數人總認為是別人的責任，卻鮮少注意到自己的不留心，若是多一點注意，多用心觀察，不難發現其中潛藏的危機，更不難躲過那一場又一場的意外災害。

笑看人們的幽默叮嚀，也微笑觀察生活中的每一個跨步，儘管有不少難料的意外，但是只要能小心理會，謹慎應對，總能轉危為安，人禍不再。

別當只有小聰明的大傻瓜

被嘲諷是「傻瓜」的人始終是幸運的，一味只想著大展「小聰明」的人，終至讓自己一蹶不起。

多數人都不太喜歡那些好展小聰明的人，原因無他，這一類人多數不切實際，更好高騖遠，和他們合作或成伴侶，辛苦的終究是自己。

從這個角度反思自己，是不是更覺深刻體會？

無論抱持著什麼樣的看法，都要時時提醒自己，腳步踏實，謙虛邁進，才能獲得紮實的成功。

有一年，連接某兩座城市的道路為了截彎取直而重修，修成之後可以讓總長度減少好幾公里。

完工之後，有人在路口立下這麼一塊牌子，上寫著：「朋友，往新路前進，你將提前半個小時到德塞夫利耶。至於不識字的，活該再走老路。」

這行字或許讓有些人看了很不舒適，但倒也說得老實，看不懂路標，分不清方向，偏又不肯問人的話，追根究柢，責任始終在自己。更何況，生活中多的是明明看得懂字，卻又偏偏選擇錯誤方向的人，好像下面故事中的這個旅人。

旅人正走到一條通往某村落的道路上，路口上卻立了一個警告牌子，上面寫著：「道路封閉，請勿前進。」

旅人看了看前方，不見任何具體的路障，心想：「以我豐富的經驗來看，這應該是寫給馬車看的，我應該可以通過的！」

於是，他不理會警告，繼續前進，直到來到通往村落的橋邊。

「原來是橋斷了啊！」

道路封閉是因為連接的橋斷了，不是馬路出現什麼阻礙無法通行，用「經驗」判斷的旅人只得再次回頭，另謀出路。

就在他回到路口時，發現告示牌的背面寫著：「歡迎你回來，傻瓜！」

告示牌背面的留言，極其嘲諷卻也不失幽默，仔細想想，我們不也和旅人一樣，常常有著「自以為是」的判斷，或是「明知故犯」的作為，讓自己一再走錯路，也一再地惱怨上天的不公。

或許，難得犯錯能夠獲得珍貴經驗，特別是對那些以不能親身體會為憾的人而言，不管人們多努力分享經驗，多深刻描述它的危險和可怕，他們仍會反駁：「那都是你們說的感受，也許我

試了就不同。」

　　是真的能得出不同結果，還是不見棺材不掉淚的固執，全看自己怎麼想，但別忘了，有機會分享別人的經驗，有緣分獲得前輩的提點，聰明人實在不該將之拒於門外，畢竟「經驗累積」極其難得艱苦。

　　可以平安回頭，被嘲諷是「傻瓜」的人始終是幸運的，一味只想著大展「小聰明」的人，甚至是無視於危橋玄機，偏執跨步，終至讓自己一蹶不起。

　　為了有多一點經驗累積，「多聽」也能有不同的收穫，聽見他們試了又試的錯誤經驗，以及胡亂兜圈繞的那些冤枉路，無一不是我們最佳的成功指引。

　　只是，也別忘了，聆聽別人意見不代表要完全聽命或乖乖遵照辦理，還要能聰明分類，選取自己需要的，捨棄無謂的擔心，才能早早走到夢想的目標。

萬能的上帝比不上萬能的你

想早一點走出困境，那麼從這一刻起，動手修整自己的天地，路是人走出來的，奇蹟也是靠人類自己創造的！

　　無論人們說上天有多神奇，回到真實人間，仍然得靠自己的力量走下去，人生財富該有多少，不是老天爺說了就算，得看我們願意付出多少，願意怎麼對待辛苦累積的財富。

　　想獲得財富，必須努力付出。只要誠心的祝禱，無須一心討索，一句「謝謝賜福」，一份感恩心就夠了，然後轉身便會聽見積極自信的心聲：「一如往常，要更加努力生活！」

　　「萬能的上帝啊！一個世紀對您來說是多長呢？」一名男子仰頭問天。

　　沒想到上帝真探出頭來回答：「不過是一秒鐘。」

　　「上帝？那麼十億元對您來說又有何價值？」望見上帝，雖然有些吃驚，但男子仍然繼續提問。

　　「不過是一分錢。」上帝笑著說。

　　這會兒，男子卻瞪大了眼說道：「慈悲的上帝哪！那麼，能不能請您賜給我『一分錢』呢？」

　　寓言故事裡的上帝與男子的對話，傳達的究竟是什麼呢？

　　所說的正是要人們冷靜省思，人生轉眼便至終點，如果虛度生命，百年時光轉眼即逝，但認真生活，一分一秒都能累積出一天一年的經驗與感動；一分錢與十億元之別，也不過是一念間，若有十億卻不知善用，仍會轉眼成空，一分錢若懂珍惜累積，也能成就十億財富啊！

　　聆聽那些向神祈禱的聲音，請求賜與健康身體好努力累積財富的人不多，多數人是向神請求多賜財運，最好是從天而降的意外之財。

　　向上的力量來自於自己，想改變自己的未來，始終得靠自己行動，無論世界怎麼變化，無論遭遇多少困難和苦難，最終都得自己迎上前去，坦然面對。

　　若一味地只知道怨天尤人，累及的仍然是我們自己的企圖心和進取心。

　　一位敘利亞農民，在看見農田慘遭暴風雨蹂躪後忍不住大罵：「主啊！你不是叫人們不要互相陷害，不要惡意欺侮你愛和愛你的人嗎？可是你對自己的行為又作何解釋？你這樣算不算口是心非、言行不一呢？有誰能夠懲罰你呢？」

　　遭遇生命中的暴風雨，你也覺得要責怪天地嗎？還是，你會和一些謙卑獨立的人一樣，抬起頭，看看那風雨過後的陽光與和風，然後對自己說：「還好，風雨已過，太陽出來了，是時候開始動手重整自己的家園了。」

　　風雨過後，被蹂躪得慘不忍睹的田地，得靠我們自己修復重建，怨天怒地，不如積極面對，更何況神祇一向只負責安撫人們的心靈，只負責提振人們的信心，讓人們能夠再站起來，並著手改寫自己的生活與未來。

　　別再埋怨天，也別再把責任推諉他人，除非事情與自己無關，否則我們都應該全心負起責任，繼續向前。

　　想要億萬個「一分錢」，就從今天起認真累積，想早一點走出困境，那麼從這一刻起，動手修整自己的天地，我們都要記得一件事，路是人走出來的，奇蹟也是靠人類自己創造的！

與其惺惺作態，不如直率對待

表面功夫人人會裝，能看見一個人的真性情實屬難得。新朋友也好，舊知交也好，要能以禮對待，更要能誠懇坦率。

社會再現實，人心再冷漠，始終拒絕不了人們的真情對待，所以，與其冷漠不語，不如直率表現你自己。

只不過，可別把情緒化解釋成真性情，更別把有心計較說是明白算帳，一個人是真或偽，是誠心還是虛情，只要有心觀察，任誰都能清楚分辨。

一位阿貝丁人和一位剛結識的加布羅伏人一同走進一間餐廳。兩個人雖然第一次約會，但是卻很有默契地只點了一隻魚一起分享。

很快地，服務生便將菜端上桌，只是兩個人卻看著盤中魚好久。或許有人會以為他們初次見面，所以不好意思先動手，但事實並不非如此，他們是為了怎麼「分配」魚身而苦惱著。

因為兩個人都注意到，這條魚的魚頭肥而魚尾瘦。由於魚尾正巧對著阿貝丁人，加布羅伏人雖然暗喜，但也不太好意思動手夾魚頭來啃。

這一計較，煩惱開始了，也讓原本熱騰騰上桌的菜隨著時間慢慢變涼了。

這時，阿貝丁人忍不住說：「朋友，你知道哲學家是什麼樣的人嗎？」

「不知道。」加布羅伏人搖了搖頭說。

阿貝丁人一聽，忽然將菜盤轉了半圈，讓魚頭正對著自己，然後笑著解釋說：「讓我告訴你吧！就像這樣，哲學家就是會主動轉動世界的人，就像我轉動這菜盤一般。」

「喔，這麼說來你是個哲學家呀？」加布羅伏人問道。

「我？我不是什麼哲學家啦！」阿貝丁人尷尬地說。

「這樣嗎？那麼，就讓世界保持原來的模樣吧！」加布羅伏人一邊說，一邊又將魚頭轉回到自己的面前。

世界本來是什麼模樣，或者從阿貝丁人與加布羅伏人過招鬥智中可略得一二，從「偶遇交誼」到為了一條魚而「謀利交戰」，我們也明白這世界的現實。

以為遇見了知交，還約好了時間聚餐想連絡感情，最終卻被「一隻魚」打回了原形，讓人實在不覺好笑。只是，感慨之餘，卻也不得不承認這的確是現實世界的「真實」人性。

不談論其中是非對錯，從正面角度思考，至少兩個人性情直

接率性，未因初次見面而惺惺作態，畢竟表面功夫人人會裝，能看見一個人的真性情實屬難得。從阿貝丁和加布羅伏的互動中，不知道你得到些什麼啓發？

俄國文豪屠格涅夫曾經寫道：「生活本來就不是什麼別的，只不過是經常克服矛盾而已。」

其實，處理生活的原則，就是該認真的時候認真，該灑脫的時候灑脫，該放鬆的時候放鬆，這才樂觀積極的生活態度。

新朋友也好，舊知交也好，要能以禮對待，更要能誠懇坦率。

把心放寬，魚該怎麼吃，聰明的你必定早就想出最好的解決辦法，可以把魚橫切均分，而不是對折魚頭魚尾，然後明明白白告訴對方：「好朋友均分共享，誰都不佔誰的便宜，誰也不讓誰吃虧！」

用微笑代替苦惱

人生難得糊塗，與其苦惱「迷糊失誤」，不如微笑面對，或許更能生活快意，讓生活時時都像在玩遊戲吧！

面對生活中的各種「嘲笑」，要懂得還以微笑。

是否羨慕孩子們的笑容？羨不羨慕孩子們跌倒後總能擦乾眼淚，然後說「我要再試一次」時的勇氣？

回憶兒時，不是要我們悼念已逝的童年勇氣，而是要讓自己清楚看見：「孩子們之所以充滿活力和勇氣，不單單因為他們的年輕活力，更因為他們不知道什麼叫『跌倒失意』，不知道什麼叫『尷尬放棄』！」

三個好朋友相約到紐約度假，為了在清晨和夜晚也能飽覽這座城市，決定訂下四十五樓的豪華大房間。

第二天，三個人開心地提著大包小包的戰利品回飯店，當她們走到電梯前時，飯店的服務生忽然走到她們面前說：「實在非常抱歉，因為所有的電梯都故障了，妳們恐怕得走樓梯，當然，各位如果不想走回房間，我們會想辦法，妳們可以先到大廳休息一下，等候安排。」

「不用了，我們不想在大廳過夜，我們自己爬樓梯上去就可以了。」其中一個女孩這麼回答。

　　另一位同伴卻說：「四十五樓耶！妳是開玩笑的吧？」

　　「放心，我知道怎麼讓它變得更輕鬆些，只要大家輪流講笑話，跟著再請安蒂唱幾首歌給大家聽，還有莎莎，想幾個有趣的故事吧！」諾雅笑著說。

　　於是，三個女孩再次背起她們的背包，開始向前邁進。

　　在笑聲和歌聲中，三個女孩的步伐果真變得輕快起來，不知不覺中，已經走到了第三十四層樓，若不是安蒂邊唱歌邊爬樓梯比較容易累，應該可以一口氣走到第四十五樓，不必停下休息。

　　輪到莎莎講故事了，她把手伸進口袋裡準備拿出水來喝，就在這個時候卻見她表情一變，那神情看起來像發現大事似的。

　　「怎麼了？」諾雅立即問她。

　　莎莎換了張苦澀的臉說：「嗯，在講有趣味的故事之前，我要先說個令人傷心的故事，雖然這個故事不長，卻足以讓人傷心至極！」

　　「真的嗎？是關於愛情的悲劇故事嗎？」喜歡愛情故事的安蒂著急地問。

　　「無關愛情，我們忘了到一樓服務處拿房間的鑰匙啊！」莎莎哀怨地說。

「天哪！」聽完莎莎的這個答案，諾雅和安蒂忍不住哀叫了起來。

看著這三個糊塗女孩的遭遇，應該沒有人忍心責罵她們太迷糊吧！或者，多數人都忍不住想笑她們：「真是一群可愛的傻妞！」

從一開始的樂觀自信到最終的疲累哀怨，前後心境強烈對比，卻也對照出年輕女孩們的活力勇氣。她們以分享歌唱、笑話和故事忘記爬樓梯時的辛苦，即便快走到盡頭時才發現大事不妙，那又何妨，這一段路卻也提醒她們：「只要同心協力，再艱難的路也一定能走過。」

這把被遺忘的鑰匙好似一把開解生活困頓的無形鑰匙，它讓我們明白，人生難得糊塗，與其苦惱「迷糊失誤」，不如微笑面對，或許更能生活快意。

讓生活時時都像在玩遊戲吧！然後學會用笑聲撫平傷痛，並懂得在一場追逐競爭後，知道怎麼「笑看」你我這一生。

用樂觀的心態面對意外

 旅行是為了看盡世界風情，用心感受所有的「不同」帶來的驚喜，若是被一些意外插曲煩擾，實在是不智之舉。

生活中的驚喜很難經由特別的計劃獲得，換個角度想想，意外發生時，實在無須氣憤難平，說不定回頭再望，這才發現，原來這個意外插曲是為增添你我的精采人生而來。

朋友們，笑看生活中的一切，若不是曾跌個四腳朝天，又怎麼知道，原來這個仰角能讓我們看見世界的寬闊。

用樂觀的心態面對突如其來的意外吧！

威廉斯夫婦搭機抵達羅馬時已經很晚了，這讓威廉斯先生十分苦惱：「都這麼晚了，餐廳恐怕已經休息了，唉，我肚子好餓啊！」

「我也是！」威廉斯太太附和著說。

以為無法享用晚餐，威廉斯夫妻兩個在入宿登記完畢後，便直接回到房間，準備餓著肚子睡覺。

就在這個時候，電話鈴聲忽然響起，飯店人員來電問他們：「請問，你們是否到餐廳用餐？」

「可以嗎？你們現在還有供餐嗎？」威廉斯先生難掩喜悅地問道。

「是的，餐廳會供餐到九點三十分。」服務人員親切地說。

威廉斯先生開心地說：「太好了，我們會下去用餐，不過你們平時營業的時間是……」

「我們從早上七點開始供應餐點，下午茶時間則是從四點供應到五點，晚餐時間則是從晚上六點開始，一直到九點三十分結束。」服務人員禮貌地說。

沒想到，聽到服務人員這麼解釋後，威廉斯太太忍不住驚呼道：「天哪！那麼我們不就沒時間好好遊覽羅馬的風光了！」

威廉斯夫妻喜得晚餐的意外後，接著在了解用餐時間後苦惱起來，其中心情變化，不是一般人能夠理解的，或者應該這麼說，大多數的聰明旅人根本不會被「用餐時間」所困。

當然，若是計較旅費，住宿附餐不能一一用畢，那些對數字敏感的人免不了一陣苦惱心煩，只是，計劃中的愉快之旅，怎能為這點瑣事煩擾，甚至讓它取代了原本的好心情呢？

旅行是為了看盡世界風情，更為了感受不同於自己的人情文化，價值超出你我付出的實際消費。

走過萬水千山，覽盡異國風景，過程中，我們用心感受所有

的「不同」帶來的驚喜，甚至爲之心動、感動，若是被一些意外插曲煩擾，實在是不智之舉。

　　餐點用不到又何妨，吃不到餐廳的精緻美食，大可到街上尋找小吃，感受一下道地的當地美食；風雨忽來也不必苦惱，上不上街應該隨興，可別忘了把握時間欣賞雨中即景；班機誤點更不需氣惱，寬心看待，轉念想想，也許這個耽誤能讓我們發現原本沒注意到的風情。

沒有貪念，就不會一再受騙

別讓一時的貪念讓人有可趁之機，不想一再受騙，就要時時保持警覺，不希望老被人當傻蛋，便要用心觀察，並用智慧去判斷。

在質問別人欺騙前，別忘了反省自己為何讓人有機可乘，不管他人包裝技術再好，也隱藏不了你我可辨識的偽作與矯情。

好奇心不應該成為受騙的原因，單純心也不該是被騙的理由，問題的根源，總是因為自己的一時疏忽，和一分忽起的貪婪心呀！

湖邊有個人手裡拿著一面鏡子，以釣魚的姿勢站在水中央，這時阿德正巧經過湖邊，忍不住問道：「請問，你在這兒做什麼？」

「在釣魚啊！」那人回答。

「釣魚？你不是想用鏡子釣魚吧？」阿德不解地問。

「是啊！我就是要

用鏡子釣魚，效果挺不錯的，這可是我最近研究出來的釣魚方法喔！」那人十分得意地說。

「是嗎？你能不能把這個方法教給我？」阿德好奇地問。

「可以！不過你得先付一百元。」那人伸手向阿德要錢。

在好奇心驅使下，阿德毫不猶豫地掏錢給對方。

「很好！」那人看著百元大鈔，十分開心地笑著。

「方法呢？」阿德著急地追問。

「聽好了，你只要把鏡子對著水面，等著魚兒游過來，一發現魚群聚集，只要馬上用這鏡子的反光去嚇牠們，直到魚兒嚇昏後，就可以把牠們撈起來啦！」釣魚人說。

阿德一聽，大聲質疑：「這……什麼跟什麼？你根本在胡說八道，這樣怎麼可能釣得到魚？不然你說，你釣到幾尾？」

「這個嘛，包括你在內，今天我已經釣到五尾啦！」那人笑著說。

人不自知，就會任人愚之，阿德能提出懷疑，卻不懂判斷其中真偽，難怪會被人唬弄欺騙，世上還真多的是看不清真相的人。

我們常說「好奇心」能多得一些解題動力，然而明眼可看見的荒謬，卻偏偏還相信，又怎麼能怪責漁夫？

和生活中常見的詐騙事件一樣，追根究柢，一個銅鑼是敲不響的，若非一時貪念起，若不是一時的慾望難耐，又怎麼會一再地受騙上當？

別讓一時的貪念讓人有可乘之機，我們會同情一個個哭訴受騙上當的臉，並同聲譴責詐欺者的存心不良，但問題的癥結最終仍然得靠自己理智判斷才能化解。不想一再受騙，就要時時保持警覺，不希望老被人當傻蛋，便要用心觀察，並用智慧去判斷。

PART 2

用輕鬆的態度看待小事

生活是否快樂，常取決於我們的態度，

處世能包容寬待，才能常得順心時，

待人溫暖寬容，方能常得知心人。

用輕鬆的態度看待小事

生活是否快樂，常取決於我們的態度，處世能包容寬待，才能常得順心時，待人溫暖寬容，方能常得知心人。

英國諷刺作家斯威夫特曾經說過：「嘲笑是一面鏡子，誰都能從其中照見自己真實的一面。」

因此，當有人嘲笑我們的時候，我們非但不能痛恨對方，反而必須抱著感恩的心情來感謝這個嘲笑自己的人。

也就是說，如果不是因為他對你發出尖酸刻薄的「嘲笑」，你又如何能看見那個從來看不見的「自己」，讓自己更進步呢？

顧客在點菜時，對服務生說：「我要兩份煎蛋，不過一份要半熟，蛋黃可別煮熟了，讓黃澄澄的蛋黃汁能漂亮地流出來；至於另一份則要全熟，而且得煎得吃起來有橡皮的口感。至於漢堡肉，記得煎好要放涼後再端上來；還有，再來一份烤土司，記得要把它烤得又黑又脆，最好是刀叉一碰就碎；另外，咖啡越淡越好，而且要半冷半熱的……」

服務生聽到這兒，眉心越皺越緊，最後終於忍不住說道：「先生，這些東西做起來恐怕有些點困難，您……」

當服務生準備與客人好好溝通時，這客人連忙說：「怎麼會呢？我昨天早上才在這裡吃過啊！」

誇張的要求也是間接的抗議，只是顧客提出抗議的時機有些不當，這其中不免留給人故意找麻煩的閒話空間。

既然錯在昨天便應該在昨天提出，而不是今天再來冷言嘲諷，人難免犯錯，若是不相信他們會改進，大可換另一間用餐，而不是再來大潑冷水。

現代社會少了許多溫暖心思，斤斤計較著別人的過錯，心心念念著怎麼

給人難堪，表面上是為自己扳回一城，給人一頓教訓，但說穿了，多半是情緒宣洩，好像下面這個客人的動作，便頗適合我們討論省思。

有位客人到餐館用餐，吃到一半時，忽然高喊：「服務生，快來呀！」

這一驚呼讓現場顧客全都嚇了一大跳，服務生聽見呼叫，連忙跑過來詢問：「請問，您有什麼問題嗎？」

那客人指了指碗裡說：「麻煩你，把碗裡的這塊石頭扛走！」

你是否也曾像故事中的顧客一般，絲毫不留情面地大聲斥喝？斥喝之後，你的用餐情緒是否也前後有別，不再像先前那般氣氛

愉悅了呢？

　　對方有過失，我們大可把服務生叫來，輕聲告訴他們的錯，實在不必這樣誇張呼叫，這雖然能先聲奪人，並當即給對方一個下馬威，但別忘了，在此同時，也影響到其他客人們用餐的心情與氣氛。

　　相對的，別人嘲笑我們的地方，通常是我們所不足的地方。

　　其實，這也是我們為何那麼痛恨當面嘲笑自己的人，因為，他們如果不是踩到我們的「痛處」，我們為何會有那麼大的情緒反應呢？

　　面對別人的嘲笑，應該幽默回應！幽默是情感的自然流露，可以直接讓對方卸下原有的心防，甚至可以像潤滑油一樣，緩和潤原本僵持對立的氣氛。

　　生活是否快樂，常取決於我們的態度，處世能包容寬待，才能常得順心時，待人溫暖寬容，方能常得知心人。

用智慧化解敵意

諷刺的對白總是傷人，人和人之間相處要避免
與人話不投機時的言詞。待人處世多一點包容
心，生活自然會少一點爭執！

遇見看不慣的人事物，多數人習慣惡言相對，或是試圖透過
冷嘲熱諷予人難堪。但是，這樣強烈的反應，通常只會換得人與
人之間的緊張對立，而不是對方的省思改變。

黑色幽默雖然最能強烈點出問題的核心，甚至是點明人事物
的醜惡面，然而如何才能諧而不謔，讓人聽見幽默駁斥卻不覺難
堪，卻是我們在增強溝通技巧上必要學習的智慧。

這天，羅倫佐先生站在門口對著鄰居麥可大聲問道：「麥
可，你覺得陶斯那個年輕人好嗎？」

「陶斯？那傢伙根本是個蠢蛋！」麥可大聲回應。

儘管羅倫佐先生心裡存著懷疑與擔心，但無論如何，那年輕
人始終是女兒的最愛，因而不得不幫陶斯說話：「你真這麼認為
嗎？不過，你知道的，他打算娶我的女兒耶！」

「你看，我說得沒錯吧！」麥可不客氣地說出心中的話。

聽見麥可毫不客氣的嘲諷，想必讓不少人莞爾，笑看這個似
無意實是有心的回應，我們不妨從更寬容的角度來醒思人和人之

間有心無心的對話。

其實說穿了，人們就是愛聽好話，在這裡，羅倫佐先生因為對女兒的未婚夫持疑，想從鄰居身上得到一些肯定，未料卻得不到一句正面的回應，這對不得不接納女婿的羅倫佐先生來說怎不難過？再加上又一句陶斯錯誤選擇的結論，豈不是暗示自己的女兒不好嗎？羅倫佐先生的氣憤恐非一般，隱約可見兩家人的對立將悄悄形成。

人和人之間想避免爭吵，便要知道怎麼修補口德，怎麼寬心待人才是。一句情緒話便會挑起不必要的紛爭，一如下面這則例子。

有個男人看著前方一個受人歡迎的男子，不屑地對站在他身邊的女人說：「妳看那個男的，我告訴妳，他真是一頭傲慢的驢子，是個自信過了頭的吹牛大王，其實他一點也不算什麼，不過是個微不足道的傢伙，是人類的負擔，是社會的寄生蟲！」

聽見這男人這麼批評那個男子，女人滿臉困惑地看著他，然後不悅地說：「先生，您能不能把剛剛說的話再說一次，我要記在記事本裡，因為那男人是我丈夫，我真想好好地感受並體會一下你說的那些話。」

男人一聽，滿臉尷尬地立在原地，一句話也說不出來。

　　女人冷靜地表示心中的不滿，卻也更加讓人感受到其中氣氛的凝重，那男子一定尷尬得想找個地洞鑽進去吧！只是，這尷尬窘況終究是他自己造成，誰也無力幫他圓場，一切還是得靠自己化解才成。

　　有許多人和這男人一樣，有心道人是非卻沒有勇氣面對，好生事端卻無力解決紛爭，然而，問題始終要化解，不想讓自己尷尬懊悔，不妨大方道歉或許還能換得人們的原諒。

　　諷刺的對白總是傷人，人和人之間相處要避免與人話不投機時的言詞。

　　批評別人容易自省難，與人聊天對話實在不必處處針對他人，或論人八卦是非，待人處世多一點包容心，生活自然會少一點爭執，多一點你我想要的和諧氣氛，使每個人都能開心生活！

朝向渴望的方向邁進

 只要清楚明白自己想要的，即便最終抵達的目標未如預期中的美好，也能心甘情願地包容這個完美中的「不完美」。

如果只能選擇一項，你會選擇成為一個打扮時尚的男人或女人，還是素顏樸實的男生或女生？

其實，是花俏還是樸實都不重要，重要的是，面對選擇時，心中必然會有個聲音告訴我們：「那是即便相對一輩子也不覺得乏味，即便天天面對也不會感到厭倦的最愛。」

還在為眼前的抉擇遲遲無法下決定的人，請想一想，與其到處聆聽別人意見，不如靜下心，聽聽自己心中的聲音吧！

街上，有個年輕男人正走向一個女孩身邊，然後溫柔地對她說：「請問，妳願意跟我一起喝杯咖啡嗎？」

「不用了，謝謝！」女孩微笑婉拒。

男孩一聽，滿臉尷尬，又似乎有些惱羞成怒，只見他不悅地說：「小姐，妳要知道，我可不是隨隨便便什麼人都邀請的！」

女孩笑了一聲，說道：「也請你要明白，我也不是什麼人都拒絕的。」

看著男子惱羞成怒，聰明的女孩不忘以其人之道還治其人之

身，看似不留人情面，實則是減少不必要誤會的最好方法。

　　對於感情這件事，最怕是模糊空間過大，留給人過多的想像空間，最終造成不必要的誤解，甚至為對方和自己帶來糾結難纏的困擾。聰明女孩不給對方太多想像機會，輕輕一句堅定的心意表示「我也不是什麼人都拒絕」，清楚點明了彼此是沒有可能的。

　　面對感情，你是否也能像女孩般乾脆？還是思前想後，遲遲下不了決定，讓原本簡單的感情事變成複雜難解的麻煩事呢？

　　面對感情，沒有人不知道自己想要什麼，我們都知道自己心中真正想要的，只是許多人總是不肯誠實面對罷了。

　　或許，再透過莎麗選擇旅遊玩伴的心態，我們就能發現自己心中從未移動過的「夢想目標」。

　　莎麗獨自到倫敦旅行，因為對當地不熟，於是決定找個熟悉當地的人伴遊。她拜託旅行社幫忙，很快地便得到了回應：「放心，這裡有許多到英國留學的美國男子，只要您喜歡，我們立即便能和他們連絡，伴您旅遊。」

　　莎麗十分開心地說：「太好了！那麼有照片讓我看嗎？」

「對不起，我們沒有照片，不過請相信我們，他們工作態度都十分認真，待人也很誠懇熱情，不會有什麼問題的。您只要告訴我，希望北方人還是南方人就好。」服務員說。

「那有什麼差別？」莎麗不解地問。

「南方人呢，舉止優雅且善獻殷勤，較具紳士風雅；至於北方人，口才流利，也最懂浪漫。總之，南方人和北方人各有各的優點，絕對會為您的旅程加分。」服務員十分肯定地說。

只見莎麗偏著頭想了想，最後告訴服務員說：「這樣啊！那麼我要一個最靠近北方的南方人！」

看到莎麗「貪心」地希望找到一位南北優點皆具的伙伴，想必讓不少人會心一笑，誰不希望找到一位體貼優雅又懂浪漫的伴侶呢？

女人是這麼希望的，男人不也一樣，哪個多少男人不希望能有個出得了廳堂又進得了廚房的完美女人？「完美賢妻」與「新好男人」在每個人心中建構著，當然這個充滿夢想的希望藍圖，也很容易跟著現實一一幻滅。

只是最終不管是否幻滅，聰明的男女多數會照著心裡的堅持前進，只要清楚明白自己想要的，即便最終抵達的目標未如預期中美好，也能心甘情願地包容這個完美中的「不完美」。

生活時時都像在談戀愛，選錯了目標對象，或以模稜兩可的態度去看待，都會引人走向錯誤的人生道路。聽見女孩的堅決，看見莎麗的希望渴求，你是否更加清楚自己想要的另一半的模樣？

只要不好高騖遠，只要能誠懇踏實，朝著目標一步步前進，終能得到你心中堅持望見的亮麗未來。

多一點幽默，多一點浪漫

 「感情」是充滿藝術感的兩個字，能漂亮地拐個彎表達，懂得多元運用顏料來彩繪，自然成功的機會能多一些。

　　經常爭吵的戀人們，多半起因於「不夠浪漫」，男人不懂浪漫，女人天天埋怨，女人不懂浪漫，男人垮臉面對，不是嗎？

　　「浪漫」得靠兩個人製造，女人要男人體貼，男人也渴望貼心的女孩，女孩盼望男人瀟灑幽默，男人也希望女人能慧黠靈巧。

　　別再抱著愛情專家的書要對方學習，「凡事從自己開始」這句話，最適用於想和戀人幸福共處的你。

　　晚會上，有個女孩十分引人注目，不只婀娜多姿的身材引人遐思，最重要的是，脖子上掛的那個小飛機項飾更是吸引人。

　　有位空軍軍官從一踏入會場，便將目光集中在女孩的身上，片刻也未曾移開。

　　他目不轉眼地看著女孩，讓女孩不得不上前打個招呼：「請問，你是不是覺得這架飛機十分好看？」

　　「嗯，這小飛機確實很美，不過，那『機場』更美！」軍官笑著說。

　　聽見如此讚美，女孩羞得滿臉通紅，一時間不知道該怎麼回應，只得簡單地說了聲：「謝謝！」

好一句「機場更美」，飛行官借物巧妙比喻女孩的漂亮曲線，突顯出想像力和風趣幽默。和人互動，最大的趣味來源就是那些想像豐富的人，總是能巧妙地援引生活事物，加強溝通的樂趣，帶動人與人互動時的氣氛。

直言不諱或許能讓人明白你我心意，但更多時候，若能聰明轉彎表示，反而能充分表現個人的才智與魅力。

隆恩騎腳踏車出去，騎不到幾公尺便被一顆石子絆倒摔傷了，朋友們急匆匆地將他送到醫院。

這時，有位身材曼妙的俏護士拿著表格出來，輕聲對他說：「先生，麻煩你先填寫一下個人資料。」

隆恩寫完後，把表格交給俏護士，就在護士接手，準備前去處理時，隆恩忽然又說：「等一等！」

俏護士抬頭問：「有什麼忘了填嗎？」

「是的，備註欄忘了填『我是個單身漢』。」隆恩滿臉通紅地說。

想像隆恩臉紅心跳的模樣，和面對俏護士的緊張窘態，「我是單身漢」的聲明，像對著神父說出「我願意」一般慎重，真是深情中帶有一絲純真！

　　這是隆恩單純可愛的一面，和飛行官大同小異，都是面對心儀女孩的示好對白，只是前者多了點青澀少年的純真氣息，後者則有著生活歷練後的瀟灑自在，對女孩們來說，哪一個最是讓人心動？

　　「感情」是充滿藝術感的兩個字，能漂亮地拐個彎表達，懂得多元運用顏料來彩繪，自然成功的機會能多一些，即便心意始終無法相通，也能藉由那些五彩繽紛的畫筆，悄悄解開頻率不對的尷尬。

　　愛與不愛，總會有一個決定，只是過程中多一點花樣變化，能讓愛與不愛都結出甜美果實，嚐到屬於自己的幸福滋味。

誠實無欺才能每天笑嘻嘻

無論在什麼樣的工作環境中，都要面對人群，只要是關於「人」的事，便少不了誠懇笑容和誠實坦白。

　　想讓生活多一點陽光笑容，我們的心中便要坦蕩無慮，對人處世更要坦白誠懇，畢竟心中若藏著一份「別有居心」，就很難笑得自在。

　　經商要童叟無欺，做人更要誠實坦白，一旦少了這個誠實心，我們不僅走不入人群，更走不出自己的心牢。

　　有位太太正在挑選雞肉，銷售員接過婦人挑選的雞，放到秤盤上秤。

　　「謝謝，一元六十分。」銷售員對著婦人說。

　　「這隻雞太小了，能不能再幫我挑一隻大點的？」婦人說。

　　銷售員點了點頭，旋即轉身進入倉庫內，接著便見他對著那隻雞又捶又打，還把雞的脖子用力地拉長一些，他為什麼要這麼做呢？因為，這已經是倉庫內的最後一隻雞啦！

　　動作完畢後，銷售員帶著微笑走了出來，並迅速地把雞過秤，那太太也沒留意秤上的數字，便接受了銷售員所說：「要二元十五分。」

　　「好！那麻煩您連同剛剛那隻雞也包起來，兩隻雞我都要

了，不然我們吃不夠。」婦人微笑地說。

只見銷售員支支吾吾地說：「剛剛那隻雞？牠跑掉了！」

經商者最重視的就是誠實無欺，只要一次有心欺瞞，便足以讓好不容易累積出一定成績的商家從此關門大吉。看著雞販惡質地把瘦雞「加工」，由小變大，還虛報重量和價格，肯定要讓不少消費者搖頭不止。

不只是經商者要重視誠信問題，與人交流也該誠實無欺、誠懇相待，一個人的性格是無法隱藏的，無論我們在工作崗位上，還是在日常生活中，偽裝的面具藏不了原來的「本性」。

要改變自己，得從日常生活做起，才不至於讓隱於內在的性格態度阻礙了發展，一如底下的專櫃人員。

這天下午，巴爾文太太在帽子專櫃挑選了很久，終於選中一頂最滿意的帽子。

看見客人終於選定了，專櫃小姐立即變得十分友善且態度輕鬆，笑著奉承道：「太太，您雖然花了不少時間，不過那是值得的，因為這帽子戴

在您的頭上，可讓您年輕了十歲呢！」

巴爾文太太一聽，連忙將帽子摘了下來說：「什麼？對不起，不買了，我不想戴這樣的帽子，我可不想一摘下它，就馬上老了十歲。」

沒有直斥專櫃小姐的敷衍，巴爾文太太始終微笑相迎，即便專櫃小姐最後虛假奉承，依然保持冷靜地回敬專櫃小姐一頓。

「老了十歲」不過是個推託之辭，畢竟好不容易找到適合自己頭形的帽子，怎麼捨得輕易放手，但是，自始便冷漠對待的專櫃小姐，對消費者來說怎不難受呢？想來巴爾文太太早已感到不悅，只是出門逛街總是準備了好心情，怎能被這樣的事影響呢？

思考敏捷的巴爾文太太不發斥責聲，而是隨手潑了服務生一桶冷水，也讓她體驗一下客人受到冷漠對待的感受。

看著專櫃小姐與巴爾文太太之間的互動，想必讓不少人頗有感觸，多數人都曾遇到相似的「冷落對待」，也曾見過服務人員臭臉相迎，這些自然帶給你我不少的憤怒不平。

但是，從另一個角度來省思，如果身為服務人員的是自己，我們是否能要求自己不要有相同的態度，也要求自己要給人們多一點溫暖微笑？

想獲得非凡的成功，想享受愉快的人生，首先必須保持健全的心理狀態，要求自己用微笑面對生活週遭的各種嘲笑。

無論你我在什麼樣的工作環境中，都要面對人群，只要是關於「人」的事，便少不了誠懇笑容和誠實坦白，畢竟，人們很難拒絕有如陽光般熱情的人，更難拒絕誠懇不虛假的人！

用智慧判斷人心真偽

其實防範惡人和與人相處一樣，多一份真誠心，無意犯人，人們自然也不會輕易相犯，不想欺人。

在這個充滿猜疑的時代，人與人之間暗藏著提防和不信任，許多針鋒相對的畫面，都是因為「人心難測」引起的！

猜測人心是一件極難的事，但判斷人心真偽應該不難，只要多聽他們說些什麼，多和他們聊聊生活感觸，從中自然能得出一些端倪。

想知道一個人是真心還是假意，就要多觀察對方的言行舉止，聽聽他們的聲音是否宏亮無懼，看看他們的眼神是否堅定不移，如此方能找到真正志同道合的誠懇知交。

在公車上，有位男子被鄰座一名女子吸引，不過真正吸引他的，其實是女子腳上穿著的那雙絲襪。

男子以十分仰慕的口吻問她：「對不起，我想請問您一件事，不知道您穿的絲襪是什麼牌子的？我想買一雙給我的妻子穿，她穿起來一定也很漂亮。」

女子一聽到這番話，冷冷地看著他，跟著便說：「先生，我勸您還是別買啦！」

男子不解地問：「為什麼？」

「你想想，如果她穿上這種絲襪上街的話，不就什麼樣的男人都會用這個藉口和你的妻子搭訕？」女子語氣頗為不屑地回答道。

這個防備心頗重的女子應當曾被不少男人搭訕，所以很不客氣地回絕這個先生，只是他是否真的存心搭訕，我們很難猜測，然而就現實生活中，我們確實常因「防」與「不防」而苦惱。

處處提防，反而誤解人們的好意；若不提防，卻又很容易被有心人欺負。

於是，與人互動時，我們就只能這麼告訴自己：「不要輕易相信陌生人，即使遇見熟悉的人，也要用智慧判斷人心真偽。」

看似簡單的指引，實則比摘月還難，畢竟人心真偽總是在隱藏深處，平時怎麼能夠看得分明？

你也覺得人心難以分明嗎？還是，早就找到一套標準與人相處了呢？

其實，防範惡人和與人相處一樣，多一份真誠心，無意犯人，人們自然也不會輕易相犯，不想欺人。也許這道理不是絕對，但

也八九不離十了。

　　誘惑對耿直不阿的人能起得了什麼作用？害人之心不起，很多時候便能遠離傷害，貪婪心不起，那麼受騙上當的事自然不會遇上。凡事總是有因有果，即使說句「沒有道理」，也始終有個「道理」在其中，只是我們不懂或不願找出其中緣由罷了。

　　防或不防且看我們的智慧，只要事事都能冷靜面對，寬容看待，再多的意外總能化險為夷，轉危為安！

抗拒不了誘惑，只會惹來災禍

哪個女人不想找一個真正疼愛自己的男人，偏偏有些時候，女人自己太傻，明知道對方滿嘴虛情假意，卻還是癡心選擇「等待」。

情慾就像山林裡的蕈類，懂得克制慾望的人會冷靜分辨哪些有毒、哪些無毒，並在該停止摘採時停止，在該回頭時回頭。

至於不懂得克制的人，通常伸手就採，而且越是色彩鮮豔的越是心動，甚至為了多得一些菇，直往山林深處，卻不知森林沼氣正步步襲來。

是非在每個人心中都有一把尺，做或不做全看自己，太貪戀慾望美味，從來都是得不償失的，一如下面這兩個例子。

有個男子正躺在椅子上讓剃頭師傅處理他的頭髮和鬍子，另外，還請了一位修指女郎幫他的指甲修一修。

這個修指女郎長得十分漂亮，男子一看見她便十分心動，口氣輕浮地說道：「俏妞，晚上要不要和我一塊吃個便飯或是看場電影呢？」

女郎毫不考慮地回答說：「對不起，我不能接受你的邀請，我已經結婚了。」

男子一聽，笑著說：「放心，只要扯個謊跟妳丈夫說一聲就好啦！」

女郎還是搖了搖頭，這男子仍不放棄：「我相信他一定不會介意的，不過是就交個朋友嘛！」

「這，不然你自己問他好了，他就是我老公！」女郎抬起頭看著她丈夫，那剃頭師傅拿著的刮鬍刀正擺放到男子的嘴邊。

一如電影常設計的畫面，剃刀架在輕浮男子的嘴邊，暗示調戲女孩的花心男根本是踩在刀口上。

由古到今，記載下多少情慾糾葛，常以情慾難耐為託辭，或是藉口男歡女愛的天性所致，但是究其原因只有一個，他們連自己都管不住自己。正因為這個「管不住」，讓他們家理不好，工作也難以成功，貪婪縱慾之後，無一不是灰頭土臉的下場。

宴會上，有兩個喝得醉醺醺的男人，正以極低沉且模糊的聲音交談著。

「喂，你有沒有看見那個黑眼睛、黑頭髮而且身材修長的女人，看到了吧！那個女人是我太太，而坐在她旁邊那個金髮美女，嘿嘿嘿，我偷偷告訴你……」這男人講到這兒，把聲音壓得更低了。

接著，他說：「她可是我的情婦哪！」

沒想到另一個男子一聽，大概是被酒精弄得神志不清了，竟

然十分歡喜地大聲說：「真的嗎？哈，那真是太巧了，我的答案正好與你相反。」

這個「酒後吐真言」，吐得還真不是時候，兩個蠢男人配合兩個笨女人，錯雜的感情世界真是趣味滑稽，卻也讓人不自覺地深思著：「共偕白頭的承諾，是否抵擋不了誘人的情慾世界？」

當自己的男人出現在別個女人床上時，真該哭泣的女人應該是誰？是夜守空房的女人，還是一夜狂歡後便不見男人的女人？

哪個女人不想找一個真正疼愛自己的男人，偏偏有些時候，女人自己太傻，明知道對方滿嘴虛情假意，卻還是癡心選擇「等待」。

置身事外的人總說男歡女愛一場，不必說誰是誰非，問題是，再糾結複雜的戀情總會等到解開的一天，既然早晚都要處理，何不早一些面對，早一點讓彼此都能領悟真正的愛是：「想得，更要捨得！」

知道價值，就不會爭執

 聰明的女人不會為了男人爭執，更不會為了自己的地位和正統性與另一個女人爭鬥，因為她知道自己的價值，更清楚自己的需要！

一談到感情，男人女人總不免要有一陣失智期，瘋狂競逐，怎麼愛都不對，卻偏偏怎麼樣都想愛，特別是對愛驚人執著的女人們！

生活中處處可見兩個女人的戰爭，有人為家庭而戰，也有人為同一個男人而戰，只是爭戰到最後無論誰得誰失，恐怕沒一個贏家，全都是輸家。

經理夫人一出現，女助理便氣沖沖地對她說：「經理太太，我一定得告訴您一件事，關於我們的經理先生，咳，也就是您的丈夫，事情是這樣的……」

女助理說到這兒，似有些遲疑，不過仍然鼓起勇氣說：「昨天在公司舉辦的晚會上，經理居然企圖吻我！」

經理太太一聽，一派輕鬆無所謂的樣子說：「企圖？那就表示沒吻著，不礙事啦！只能怪他黃湯一下肚，便分不清楚事物的美醜，妳不用擔心，等他清醒後自然會看清事實。」

「是嗎？聽說，他醒了之後便會裝瞎！」女助理毫不客氣地反駁。

被經理夫人如此反唇相譏，女助理還真是冤枉，不過是想提醒經理夫人，要注意她老公的言行舉止，怎麼反倒成了她的錯似的。

像這樣的例子在現實生活中不難遇見，男人黃湯下肚後是真醉還是假迷糊，只有他自己知道，但清醒的女孩被欺負，卻是不爭的事實，經理夫人一句冷言嘲諷，總是有失身分，畢竟這錯是因經理而得。

女人之間的戰爭總有一失一得，但誰得誰失，應當不難分別，所謂「驕者必敗」，一如艾麗和珍妮的交戰。

艾麗驕傲地對珍妮說：「親愛的，當妳拒絕艾力克斯時，便已經犯了一個很大的錯誤，因為他決定和我結婚了！」

珍妮頗不以為然地說：「這一點我十分同意，因為當我拒絕他時，他曾對我說，那讓他十分痛苦，所以他不得不做出一件極為愚蠢的決定！」

想找人展示成功后冠的艾麗，這會兒還真選錯了對象，這一相比較，誰聰明誰笨呆，短短的一句話便分高下。

把經理夫人和女助理跟艾麗與珍妮這一對比較，我們也得出

了一個結論：「聰明的女人不會為了男人爭執，更不會為了自己的地位和正統性與另一個女人爭鬥，因為她知道自己的價值，更清楚自己的需要！」

　　愛或不愛，其實都需都勇氣和智慧，當女人們辛苦為自己尋找幸福的時候，心裡若多了一份爭執煩惱，不過是讓自己徒然苦悶煩憂呀！

　　抓不住男人心，也別把責任全推到另一個女人身上，與其冷言冷眼看待，不如體貼明白她們的心。誰不希望多得一個人的疼愛？只是多數女人都知道，愛不能有丁點偏移，一旦錯愛，累得自己渾身是傷才最教人心痛。

禮貌是人際關係的潤滑劑

與人互動要能進退合宜，和人交流要能謙卑有禮，別忘了先表明自己的身分與來意，並熱情表達想與他們交誼的誠意。

　　小事可觀大事，小細節能解大問題，很多事追根究柢，尋出源頭，我們常常發現，原來的糾結不過是一個小點，然而因為我們一再忽略，甚至是刻意輕視，終導致難解的結。

　　好像人與人之間的互動，為何爭執那麼多？不過是人和人之間少了一個「禮」字，讓許多人面對人群少了體貼心，更忘了對人的基本尊重，如此，爭執又怎能不多呢？

　　一個富翁擺了一場華宴招待客人，就連省長也來了，還被安排在首席座位中，就在市長坐下的同時，有個人也大剌剌地坐在市長的身邊，然後毫不顧忌地大吃大喝了起來。

　　市長看著身邊這個人，忍不住問道：「請問，是主人請您來的嗎？」

　　「不！」那個人簡單地說了一個不字之後，又往嘴裡塞了一大口。

　　「不是主人請來的客人？那您知不知道，不請自來者為竊，不允自食者為不義嗎？」市長表現不屑地問。

　　客人點了點頭，先將雞腿夾到自己的碗裡，冷靜地說：「錯！

我之所以敢坐下來，那是因為您剛剛沒聽見嗎？主人不是對廚師們這麼說：『每樣菜都多做一些，因為有請柬的客人一定會到，至於沒邀請到的重要客人，若聽見了也可能會來！』明白吧！我就是那個沒被請到只好自己來的客人。」

這個不請自來的客人是不是很聰明？的確，照富翁字面上來解釋，確實誰都可以是富翁的重要客人，只不過若不是臉皮厚一些，普通人想走進這個會場恐怕需要很大的勇氣。

這樣的情況很難說對或錯，但客人幽默的解析，倒也給了高傲的市長一頓教訓，唯有以禮待人，人們也才願意回以相同的禮啊！好像下面這則幽默回應，雖然十分逗趣，但若能多一點溝通，或許結局會更完美。

森林的某處，有一群旅人正圍坐在一起野餐，庫克正巧從他們身邊路過，聞熱食的香氣時，肚子便立即咕嚕嚕地作響。

望著那群旅人，庫克忽然心生一計，便見他向大家說：「你

們好！」

「好！」旅人們也禮貌地回應了一聲。

聽見旅人們的熱情回應，庫克笑著點了點頭，接著手便迅速地向食物區伸去，並在眾人還來不及反應前，大口朝著雞腿咬了下去。旅人們先是愣了一下，然後才反應過來，氣呼呼地說：「喂，先生，我們之中有誰是你認識的嗎？」

庫克點點頭，說：「當然啦！」指了指地上的食物，「我認識它！」

看著庫克說「我認識它」，想必原本心生敵意的旅人們也不覺笑出聲吧！

只是仔細省思庫克的動作，還是讓人覺得無禮。不妨想想，如果在招呼聲後，不忘提出與眾人分享食物的希望，也許以天地為家的旅人們會熱情相邀共享，甚至結成「一頓飯」之交。

生活總有些基本禮數是與人互動時不能忘記關照的，清楚表示來意，也清楚表達心中的本意，這些都是做人處世時的基本功夫，而不是隨興出手，使他人滿臉錯愕或情緒受到影響。

莎士比亞曾說：「疑慮是我們心中的叛逆者，由於害怕而不斷索求，結果使我們失去原本可以擁有的東西。」

想要提昇自己的處世競爭力，獲得更多幫助，做人做事一定要講究策略和技巧，幽默的話語不只可以替自己解圍，同時也可以是輕鬆溝通的工具。

與人互動要能進退合宜，和人交流要能謙沖有禮，過分率性得到的不是人們明白諒解，而是不解和怨結。

下一次再笑說「認識它」之前，別忘了先表明自己的身分與來意，並熱情地表達想與他們交誼的誠意。

PART 3

讓人難堪，
只會引起爭端

與人相處要以和為貴，

不臭臉相對，不惡言相向，

因為再惡的人也會俯首於溫柔的對待，

再冷漠的人也難以拒絕親切的微笑！

別忘了先展開你的笑容

 爭鬥總是一來一往，只要一方不肯停手，鬥爭必然得一直持續，總要丟開佔人便宜的心態，才能真正和睦相處。

現代人的冷漠並非天生，鄰居們更非想像中那麼難以相處，而是很多時候我們自己也不願伸出熱情雙手，不願以微笑迎接擦身而過的左右鄰居呀！

希望看見別人的微笑，別忘了先展自己的笑容，希望少一點風波爭執，那麼便得少一點計較私心，多一點體貼原諒，自然爭執不再，風波不起。

「先生，對不起，這張桌子有人預定了。」服務生對一位剛進門的客人說。

沒想到那客人卻笑著說：「這樣嗎？沒關係，你可以把這張桌子搬走，然後幫我換另一張沒有人預定的桌子。」

看著客人的要求，讓人讚歎他的趣味幽默，這個乍聽之下像少了根筋的對話，確實讓人的心忍不住展開來，不是嗎？

生活中，就是有這麼多可愛的人，雖然他們的思考常教人無法理解，行為動作也常常讓人啼笑皆非，但是，不可否認的，這些少根筋的人常常能舒緩緊張氣氛，為人化解生活的苦悶。

當然，裝傻也要傻得有意思，要是傻乎乎作爲中，極盡爭鬥之能事，最終不僅傷害別人也傷害自己，一如匹克先生與伏特先生之爭。

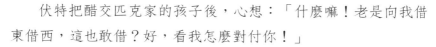

匹克又叫孩子到伏特家借醋了：「伏特先生您好，因為我們家晚上要吃螃蟹，爸爸叫我來向您借一點醋。」

伏特咬著牙，恨恨地說道：「這樣嗎？好，你等等！」

伏特把醋交匹克家的孩子後，心想：「什麼嘛！老是向我借東借西，這也敢借？好，看我怎麼對付你！」

不久，伏特也吩咐小兒子到匹克家借東西：「匹克先生您好，因為我家今天要吃醋，麻煩您借我們一些螃蟹好嗎？」

聽見爲了吃醋所以要螃蟹的答案，想必讓不少人笑到不支到地，或者也讓不少人想起了早期的喜劇電影經常加入相似橋段，一方借了半瓶醬油，另一方爲了「回本」，硬是喝了對方一瓶醋等等，使我們笑看誇張劇情之時，心裡直呼著不可思議。但，這樣的事真的不會發生嗎？

在那個生活困苦的年代，為了敦親睦鄰，許多人不得不笑臉面對鄰居商借日常用品，然而心裡卻老覺得被占便宜，好像故事中的人物，看起來趣味可愛，卻也真實表現了人性自私的一面，一旦涉及自身利益，在大方表示無所謂的同時，私下卻總想盡辦法要扳回一城。

何苦來哉？爭鬥總是一來一往，只要一方不肯停手，那麼這場鬥爭必然得一直持續呀！

借螃蟹也好，借油醋也好，總要丟開佔人便宜的心態，人與人之間才能真正和睦相處，你說是不是呢？

用寬宏的態度看待事物

晴天有晴天的美麗，陰天有陰天的美感，世上最完美的事物無法從表象探得，最重要的是懂得欣賞這「萬千變化」的天地萬物。

　　每個人心中都會有一定的美醜標準，有人看見美麗的畫面多，有人卻難得發現美麗，究其原因，其實只有一個「寬」字。

　　只要心胸寬宏，容納的事物便會增多，能學會寬容，你我看見美麗畫面的機會自然會比別人多。

　　有位能言善道的牧師在教堂內歌頌造物主的偉大，未了，向現場信徒們提出這麼一個問題：「有誰敢說，天下哪一件事物不是造物主最完美的傑作？」

　　牧師笑著看著信眾，並耐心地等待回音，就在這個時候，有位駝背的信徒緩緩

向講台移動。

當他來到牧師面前時，苦著臉問道：「那麼，您又怎麼看我這彎曲駝背？」

牧師點頭微笑著說：「親愛的，這真是我見過最完美的一個曲線啊！不論是彎度還是造形，真真稱得是上帝最完美的一項傑作。」

聽見牧師這麼說，台下登時響起如雷掌聲。

抬頭看天低頭看地時，你的心中會出現什麼樣的感受？

一切美醜皆由心決定，心裡的意念總牽動著我們面對萬物的態度，更直接影響我們對所有事物的觀感。

好像即將出遊的旅人，聽見氣象預報冷氣團臨近時，有人會選擇苦悶煩躁，氣惱難得的旅程即將泡湯，卻也有人懂得笑迎鋒面帶來的雲霧，欣喜能遠眺浪漫的煙嵐雲岫之美。

晴天有晴天的美麗，陰天有陰天的美感，世上最完美的事物從來都無法從表象探得。

是「曲線」也好，是「筆直」也罷，最重要的是你我是否懂得欣賞這「萬千變化」的天地萬物。

回到故事中，當牧師笑著形容駝背是「完美曲線」時，正教導我們反省生活中的不足，探尋生命裡的殘缺，然後細細體會並感受牧師對生命的疼惜與勉勵：「生命本身從來就是美麗的，就像父母心，對造物主來說，天地萬物都是最美的，沒有一個不珍貴。」

用寬容和幽默的態度看待周遭的人事物！對造物主來說，放眼望去無一不是美麗事物，只要我們懂得欣賞，枯木、凋花也有著美麗風情，你認為呢？

　　在紛紛擾擾的時代，你可以怨天尤人，也可以微笑面對。與其整天抱怨生活不如己意，不如試著換個角度，讓自己的生活變得更快意。

　　走在人生道路也是如此，能否有所成就，關鍵就在於如何看待命運的打擊和嘲笑。許多偉人的成功故事不就告訴我們，用正面的態度面對命運的嘲弄，潛能才會徹底激發，才能讓自己登上命運的巔峰？

主動積極是創造奇蹟的動力

意外之財得來容易失去也快，奶粉錢還是靠自己賺得才實在。我們能靠自己的力量，突破每一個生活的難關！

人生充滿命運之神的嘲諷，也充滿各項抉擇，命運或許是我們無法掌控的，但我們卻可以決定填充命運的內容。

消極被動的生活態度最容易磨損一個人的創造力，不但讓人動輒產生怠惰的心理，更會使人喪失信心和勇氣，不知如何解決難題。

我們常說要多助人，可是不管是出手助人，或是伸手請求幫忙，最終我們仍然要靠自己的力量走完最後一步。

因為，人們幫助再多，我們步步不移也始終無用。

智者拉比正在講述一則故事：「從前從前，有一個貧窮的樵夫在森林裡撿到了一個嬰孩，問題來了，單身的他不知道要怎麼養活這個孩子。後來轉念一想，他對著天，向上帝祈求：『神哪，請您告訴我，我要怎麼養這孩子？』沒想到就在他祈求完畢時，居然發生一個奇蹟，你們猜是什麼？」

有人說：「上帝賜給他一個女人！」

拉比搖了搖頭，其他人跟著猜：「難不成上帝給了他黃金買女人？」

拉比還是搖了搖頭，眼看大家怎麼猜都猜不著，拉比這才說出解答：「上帝讓樵夫的胸膛長出一對乳房，讓他能親自為這嬰兒餵奶。」

「啥？」信徒們聽見拉比這個離譜的答案，不禁噓聲大作。

其中，一位信徒還加以反駁，說道：「拉比，我很不喜歡這故事。我真搞不懂，你為什麼要講一個男人居然和女人一樣長了一對乳房的奇怪故事？你不是常說上帝是萬能的嗎？祂大可在嬰孩身邊變出一袋金子，樵夫就能為他僱奶媽呀！」

聽完信徒的質疑，拉比偏著頭想了又想，接著斷然地說：「唉，你怎麼會不懂呢？就是因為上帝真有本事，所以祂只需要顯顯靈，搞個奇蹟來應付這件事就好，何必花錢呢？你說是不是？」

笑看拉比的絕妙比喻，聰明如你想必已猜中其中旨意了吧！

對樵夫來說，給他金銀財寶或許比較合理，但換個角度想，上帝創造萬物生命後，不也不斷告訴要我們「相信自己」？好比在向上帝使者告解祝禱完後，我們始終是靠自己走出告解室，並迎向未來的，不是嗎？

套一句你我熟悉的「天助自助」，便不難明白為何上帝給樵夫的是一對乳房而非金錢了。

買得到奶娘餵哺，卻買不到親自哺育孩子的感動，透過親身哺養長大的過程，反而更能拉近「親子心」。

這則故事要說的，其實與上帝奇蹟無關，主要是想告訴我們：「意外之財得來容易失去也快，奶粉錢還是靠自己賺得才實在。我們要能靠自己的力量養育孩子，靠自己的力量突破每一個生活的難關！」

與人溝通要多一點尊重

 生活中的價值觀因人而異，各有各的正面和負面認知，最重要的始終只有一項，便是：「能盡力勸說，但別忘了要懂得尊重。」

人性是這樣的，越是強迫越是禁制，多數人越是想反抗拒絕，不是嗎？

原因無他，當人們的自主權被侵犯時，任誰的心裡都會出現不滿或疙瘩。捫心自問，你喜歡被人強迫「不能」或是「非得」去做某些事情嗎？

與其強求，不如耐心溝通，等待對方心甘情願配合，因為，沒有人喜歡聽到他人這麼對自己說：「你絕對不可以……」

有位年輕的傳教士為了加強地方居民的信仰，再度來到一個偏僻村落傳道，這一次他將宣導婦女們拒絕吸煙。

這天，傳教士來到南茜的居所，才一接近，便看見南茜正將煙草塞進她自製的煙斗內，跟著便大口大口地吞雲吐霧了起來。

「不，南茜太太，您快把煙斗丟了吧！不然您很快便要到另一個世界去了。如果您繼續抽煙，當您走向天堂大門時，聖彼得恐怕不會讓您進去的，知道為什麼嗎？因為當您面對他時，他將聞到您滿口的煙草氣味啊！試想，他會讓您走進天堂嗎？」傳教士帶點威脅的語氣說。

南茜太太一聽，仍然悠閒地將嘴裡的煙輕輕吐出，想了一想，回答：「年輕人，那有什麼關係呢？你也知道的，人上了天堂，嘴裡還吐得出氣嗎？」

聽見南茜太太笑答死後呼吸不再，想必引得不少人笑聲連連吧！

不過，對世界各地的煙害防治協會來說，南茜太太的反駁，大概會讓他們一個個都要搖頭嘆息。

看著南茜太太的執拗，想起中學時一位英文老師曾說，每個人都有他喜好和習慣的生活方式，有些東西跟了一輩子，其中有著不是旁人所能明白的依戀或依賴，這份了解讓他在面對父親罹患肺癌之時，成為老煙槍父親的唯一支持者，告訴父親：「想抽就抽吧！」

從生命觀點來看，或許很不自愛，但已半跨入人生盡頭的老人家，如果早看透了生死，何必非得逼他禁那最後一根煙？

在所謂的積極正面角度中，我們不免有些慣性思考，一如故事中的「煙害」，或許對許多不抽煙的人來說，煙草確實不是好東西，但是，假若其中隱著某種重要意義的話，我們是否能對癮君子多點體諒？

　　生活中的價值觀總是因人而異，我們各有各的正面和負面認知，也各有各的積極和消極心態，但最重要的始終只有一項，那便是：「可以盡力勸說，但別忘了要懂得尊重。」

　　南茜太太的淡淡嘲笑，透露著與人溝通的要訣。想贏得對方的認同肯定，別以恐嚇逼迫人遵行你的規矩或希望，而是要多一點尊重體諒。

　　下一次遇到另一位南茜太太時，別臭著臉罵她「死煙槍」，何妨溫柔地請求：「南茜，只因為我捨不得妳呀！」

讓人難堪，只會引起爭端

> 與人相處要「以和為貴」，不臭臉相對，不惡言相向，再惡的人也會俯首於溫柔的對待，再冷漠的人也難以拒絕親切的微笑！

　　不知道你有沒有發現，人和人之間已經很難見到包容忍讓，現代人偏好與人挑起爭端對立？

　　如果你常苦惱著難以得到他人的體貼諒解，總覺得對方偏愛與你抬槓，那麼我們便先要懂得自省，想一想自己是否也經常話裡含針，不懂得體貼留情，甚至常常讓情緒直接表現。

　　殊不知，讓人難堪只會引爆更多爭端。

　　一個惡名昭彰的扒手忽然出現在拉比的面前，還要他代為祈福：「拉比，請你為我祝福！」

　　「你不是個扒手嗎？要我祝福你？

那我要說什麼？難不成你要我祝你取得更好的成績嗎？」拉比搖了搖頭說。

「求求你了，這樣吧，我給你五十金幣，請你為我祈福，拜託了！」扒手抓著拉比的手，苦苦哀求著。

看著那筆錢，拉比轉念一想：「這不是一筆小數目呀！拒絕這筆錢好像有些愚蠢，可該怎麼辦呢？」

忽然，拉比想到了一個主意，舉起手，祈禱道：「如果上帝想懲罰某人，想讓他被人偷竊的話，但願上帝能允許並藉由你的雙手來完成祂的旨意。」

悄悄把話轉彎，偷偷將正義加入，拉比這個聰明應答想必讓不少人敬佩不已。想表達心意，希望不致讓人難堪或招致不滿，便要學學聰明的拉比。

儘管他不想違背心意，但更不願和錢過不去，左思右想之後，巧妙地將思考線連接到另一端，跳過眼前小偷，借道「未來受害者」之身，看似祝福小偷工作順利，實則隱含著「以惡治惡」的寓意。

看著拉比輕巧借道，幽默地說出「惡人總有惡報」的道理，不禁讓人明白，有些事不必板臉應對，想給人直言不必露骨揭底，畢竟人們只愛聽好言好語，若只知道一味地直接應答或反射回應，不想與人起爭端也難。

還不明白的話，再舉一例來解說。

法官正在審理一件民事案件，問被告：「你為什麼要用左手打人？」

沒想到這犯人這麼回答：「因為，右手是用來握手言和

的。」

聽見被告的答案，不免有人會覺得被告滑頭、死不認錯，但是，從人際關係來看，不也可以這麼說：「人和人之間，距離再大，誤解再深，最終還是要接近化解並握手言和。」

與人相處始終要「以和為貴」，不臭臉相對，更不要惡言相向，因為再惡的人也會俯首於溫柔的對待，再冷漠的人也難以拒絕親切的微笑呀！

太多幻想，只會讓自己遍體鱗傷

 人生或許偶爾會有不由人時，但別忘了，如同人生機運，愛情道路上的機緣始終由自己決定，無須求神問卜。

命理市場上最重要的經濟來源是女人的荷包。

為了找一個幸福目標，女孩們千元萬元奉上，只為了心儀的目標對象一個回眸，即便被笑癡也無悔，被罵笨也無怨。但是，如此全心付出，卻是迎向一個明知是不對的人，不覺太對不起自己了嗎？

複雜的男女情愛，很難算得一個準確的真命情人，與其朝朝暮暮地苦悶猜想，不如早早擺脫癡戀枷鎖。能兩情相悅，彼此合意，沒有一方苦思單戀，那麼不必命理師肯定加持，自然能將幸福把握手中。

正值十七歲的卡羅爾・羅伯茲，這些日子老想著這麼一件事：「該怎麼辦呢？我一定要嫁給帥氣十足的男人，然後要為他生個漂亮的寶貝。只不過……唉，到現在還沒遇到哪個美型男向我求婚哪！我到底會不會遇到心目中的白馬王子呢？要真是遇到了心動對象，他會不會娶我呢？」

滿腦子猜測幻想的卡羅爾，為了這個想像「情事」苦惱不已，最終忍不住向姐妹淘訴苦。友人聽完了她的苦惱，便勸她：

「不如去算一算命吧！說不定命理師會告訴妳答案。」

「是啊！我怎麼沒想到呢？」她開心地點頭。

於是，兩個女孩一同前去找了一個算命專家，這位半仙看著卡羅爾說：「嗯，兩個答案五英鎊。」

著急找答案的卡羅爾一聽，二話不說掏出錢給對方，但是就在付錢之後，忽然頓了一下，忍不住對算命仙說：「只回答兩個問題，會不會太貴了？」

「嗯，是有些貴！」半仙點了點頭說。

卡羅爾一聽，正準備要求能給她多一點指示時，半仙緊接著卻說：「好，請提出您第二個問題！」

少女情懷總是詩，正值風華精采年歲的卡羅爾，滿腦子幻想期待的，想必讓不少人會心一笑吧！

畢竟，我們都曾經歷過這樣的青春歲月，或者正在閱讀這篇文章的你，和卡羅爾同齡，也同樣充滿相似的期待和想像，想像著英勇俊俏的男孩出現，期待著美麗佳人微笑回應，只是想歸想，可別越想越不切實際。

當故事中的命理師巧妙用掉卡羅爾珍貴的第一個問題時，我

們也得到一個答案和啓發：「一旦越想越空泛，甚至相信虛幻的愛情奇蹟，沒遇上對的戀人，你便已遍體鱗傷了，就像故事中的卡羅爾一般。」

五英鎊換一個聰明領悟不算貴，但是，如果換得的卻是執迷不悟，那五英鎊可花得冤枉了。人生或許偶爾會有不由人時，但別忘了，如同人生機運，愛情道路上的機緣始終由自己決定，無須求神問卜。

相信自己便能看見神蹟

與其懼畏鬼神，不如相信自己，信仰宗教的最大功效不在於奇蹟發生與否，真懂信仰的人不會求神給轉機。

常聽人們說：「上帝是我唯一的出路！」

在我們敬天畏神之際，深入每一個宗教的本意，不外乎一個「愛」字。連接這個「愛」字的東西很多，但總結一切，只需「天地人」三個字便可說明；即便是上帝，要的也不多，祂唯一的希望和宗旨，只盼望我們能相信自己的力量，並學會珍惜擁有生命中的一切。

因此，遭遇命運的打擊和嘲笑，相信自己的能力最重要，不要動輒咆哮。

在加布羅沃，人們必須在神燈裡添入純橄欖油，以示對上帝的敬重，但是有位老太太因為家境貧窮，為了多省一點錢，一直以來只以廉價的菜籽油充數。

不知道是意外，還是老天爺發現她的不敬，這一天大地忽降冰雹，將老太太的農地莊稼全部都砸壞了。

老人家轉念一想：「啊！該不會被上帝發現了吧？一定是祂老人家發現我沒在神燈裡加純正的橄欖油，所以降下這場災禍來處罰我？」

想到這兒，她連忙慌慌張張跑到屋外，跪在地上，著急地向上帝禱告說：「主啊，請相信我，這件事真的得怪油店的老闆，因為他弄錯了油桶，竟然把菜籽油當橄欖油賣給我了。」

一番「告白」後，老太太從此不敢再以廉價菜籽油充當橄欖油了。

只是，辛苦存錢添昂貴燈油之後，冰雹還是再度將她的農地家園毀得滿目瘡痍。

老太太一想到她買橄欖油花掉那麼多錢，簡直氣瘋了，只見她指著天破口大罵：「上帝啊，你不是萬能的嗎？你不是無所不知、無所不能的嗎？可怎麼連分辨橄欖油真假的能力都沒有呢？」

想像著老太太的謙卑身影，想像著她心虛的慌張背影，不覺讓人莞爾，無鬼神論者看了不免嗤之以鼻，信仰鬼神的人自然要怪責她的「不敬」。

當老太太破口大罵上帝真假橄欖油不分時，不禁讓我們深入思考，人生本來就難以預測，是菜籽油還是橄欖油其實一點也不重要，重要的是，我們能否在寄託信仰後得到面對困境的力量，

然後放心自強地跨出下一步。

　　遭遇天災禍害，人們總習慣「疑神疑鬼」，說風水不對，道運勢忌諱，但事實上，只不過是場自然風雨，或是人們有意無意的犯錯呀！

　　「未知生，焉知死」，與其懼畏鬼神，不如相信自己，信仰宗教的最大功效不在於奇蹟發生與否，真懂信仰的人不會求神給自己轉機，更不會花大把鈔票換奇蹟，他們常是帶著兩串蕉和一顆炙熱心，誠誠懇懇地向天允諾：「神啊，請相信我，我一定能突破萬難，重新開創人生新局！」

充滿惡意，就會曲解別人的心意

 充滿惡意，就會曲解別人的心意！人生視野很多時候只需要一個轉念觀看，便能看見你我盼望的。

　　因為「必然主觀」的思考緣故，我們在解讀別人心意的同時，不免出現誤差，要是解讀錯誤倒還容易解決，只要雙方有意化解，積極面對面討論解說，問題很快便能解決。

　　反之，若是有心曲解，偏要選擇有利於己或企圖損人的思維，那麼再正面的本意也會變得黑暗不堪。不相信的話，我們一塊來解讀下面的十條誡令，也許會有另外一番感悟。

　　解讀之前，多提醒一句：「你的心意始終向著你的！」

　　據《聖經·舊約》耶和華向摩西傳授並命他頒佈的十條誡令，其中大意是：

第一，除了耶和華外不可有別的神。

二是，不可雕刻和跪拜偶像。

三是，不可妄稱耶和華的名字。

四是，要記住安息日為聖日。

五是，要孝敬父母。

六是，不可殺人。

七是，不可姦淫。

八是，不可偷盜。

九是，不可做偽證陷害人。

十是，不可貪戀他人的房屋、妻子、僕婢、牛驢及其他一切物品。

後來，有位名叫傑普的美國神父對這《十誡》，有了另番修訂：

一、除了我之外，不要拜任何上帝，因為崇拜多了，費用自然昂貴。

二、不要製作和跪拜偶像，再多也會被羅伯特砸掉。

三、不要沒事老對耶和華大呼小叫，要等到有實際收效時才向他祈禱。

四、安息日不要做任何工作，只要到球場看籃球或足球賽。

五、要孝敬你的父親和母親，這樣可以減少人壽保險費。

六、不要殺人也不要支持殺人犯，同樣不要給屠夫買肉錢。

七、不要親吻鄰居的妻子，除非他也吻了你的妻子。

八、不要偷盜，這不會使你生意興旺，因為做生意是靠欺騙。

九、不要作偽證，因為這是很可恥的事，但是你可以

這麼說：「據傳，這一切都是真的。」

　　十、不要存非分之想，特別是你用欺騙或其他手段也得不到的東西。

　　這個充滿幽默嘲諷的新解，想必遭到不少忠貞不二的信徒們「駁斥」，但是聰明的你若願意冷靜笑看，或者能解得其中別具趣味的深意。

　　神父為了讓更多人可以接受學習，不再死氣沉沉地要人們默記、遵守經文，幽默地切入人們的平凡生活中，用簡單的「同理可證」方式引人深思。

　　回到人的問題上，就像第三條新解一樣，無論教規教義是嚴苛方正，還是圓融隨俗，總不能離開一個「人」字，所謂的「收到實效」後再祝禱，便是要告訴我們：「問天問地，不如問你自己，求天求地，不如求你自己，直到成功時，再抬頭感謝老天爺給你向前邁進的力量也不遲！」

　　至於其他各項，站在模糊的人性道德線上，看似複雜實則淺白，說欺騙實則要人多坦白，談報復實則要人多寬恕，關於「不要存非分之想」一項，更是清楚提點我們凡事莫強求呀！

　　充滿惡意，就會曲解別人的心意！人生視野很多時候只需要一個轉念觀看，便能看見你我盼望的，至於各方神算佛說，說到底也只有一個目的，那便是希望人們要「好好地活下去」。

瀟灑面對生活中的八卦

 能瀟灑面對人們的嘲弄和八卦，能自信更相信彼此的愛，不生疑心，才能真正跨越年齡的差距，真正相知扶持下去。

　　許多人對憧憬愛情和渴望婚姻的人總是這麼說：「身高不是問題，年齡不是距離，體重不是難題！」

　　你也認為這一切不是問題嗎？還是，你也和大多數人一樣，勸說別人的言詞總能輕易說出口，但自己面臨別人的嘲弄和理不清的八卦傳聞時，始終過不了那一關關閒言耳語？

　　已經八十歲的施梅樂娶進一個年輕的妻子，沒想到就在婚後不久，出現一個奇蹟，這個年輕太太居然懷孕了，然後生了一個胖娃娃。

　　疑心病重的施梅樂心想：「這怎麼可能？我都已經八十歲了，這孩子……這孩子會是我的嗎？」

　　滿腹狐疑的施梅樂忍不住跑去請教素有智者之稱的拉比：「拉比，你說說看，這種事有可能發生嗎？」

拉比笑著說：「讓我為你講一個故事吧！曾經有個人撐著陽傘在非洲沙漠中散步，突然間，他眼前出現了一隻凶猛的獅子，那人反應很快，連忙定住心神，然後迅速收傘，跟著便將傘指向獅子腦袋，並喝了一聲『碰』！結果你知道怎麼了？」

施梅樂搖了搖頭，只見拉比冷靜地說：「跟著便見獅子應聲倒地死了！」

「那怎麼可能？」施梅樂吃驚地問道。

拉比笑著說：「沒什麼不可能的，只要站在那個人背後的持槍士兵，在那個節骨眼上對獅子放一槍，奇蹟自然會發生。」

笑看拉比的幽默比喻，想著夫妻間的猜疑忌懷，對比現代社會中老少配的話題，不知道讓你想到了些什麼？

或者可以這麼猜想，八十歲的施梅樂面對著活力年輕的妻子，想必十分擔憂自己的風采不再，更煩惱無法守住並滿足年輕的妻子，所以面對妻子懷孕產子之事，心中不免產生種種猜忌，再加上拉比的有意暗諷，施梅樂想必是滿肚子的妒火和怒火吧！

但是，若逆向反思，即便這是事實，施梅樂難道沒有責任嗎？明知自己年事已高，卻偏要娶年輕女孩相伴，美其名是要找個老年伴，但仔細想想，其中有多少成分是因管不住自己的慾望？

多少老少配不是看似情意真切，實則只為來場盲目的風花雪月呢？再深入探究，那些年紀差了半百以上的戀情，或許正隱含你我不知道的相處難題，一如施梅樂與他的妙齡妻間的猜疑。

年紀差距本來不該成為問題，只是年輕的心和老人的心確實迥異，除非能瀟灑面對人們的嘲弄和八卦，能自信更相信彼此的愛，不生疑心，那麼這段戀情才能真正跨越年齡的差距，真正相知扶持下去。

PART 4

靈活運用說話技巧，成效會更好

轉個彎說話，

不必明說也能讓人得到啟發，

不必點破也能讓人聯想到問題的核心，

這些正是聰明人解決問題最常用的技巧。

活用幽默，才能讓人伸出援手

 無論在多失意的情況中，都要自己力圖振作，只要我們活用幽默，人們自然會樂於伸出援手。

　　有個旅人獨自一人徒步旅行到了巴黎。一路上非常順利，不論到哪個國家或城市，幸運的他都得到不少陌生人的幫助。

　　然而，來到巴黎時，他身上原本就不多的旅費至此用罄，連填飽肚子都成了問題，更別提今晚要住的地方了。

　　他滿臉茫然地在巴黎街上四處遊走，眼看夜越來越深，嘆了口氣：「沒地方睡覺，這可怎麼辦？」

　　就在他苦悶煩惱的時候，有個打扮妖嬈的女人走近他的身邊，輕挑眼眉地對他說：「你，願不願意跟我一塊兒找個睡覺的地方呢？」

　　旅人一聽，心想：「我真是太幸運了，一路都有貴人幫助！」

　　他開心地點了點頭，直說：「當然好，謝謝妳啊！」

　　旅人滿心感動地跟著女郎走進一家旅館，總算舒舒服服睡個大覺了。

　　第二天早上，他非常滿足地醒來，還朗聲跟女郎道早安。女郎笑著回應：「早啊！那錢……」

　　「錢？喔，不用了！錢我是不會收的。妳慷慨地收留我一

晚，已經讓我十分感激了。」旅人客氣地說。

　　笑看旅人涉世未深的回應，不禁讓人懷疑，他真是真不知情，還是有心要賴？但無論如何，這女郎始終是陪了夫人又折兵，因為旅人身上的錢早花光了，想逼他掏錢付這一夜住宿費，包括一夜魚歡的代價，看來是不可能的了，真要怪，女郎也只能怪自己「不懂識人」。

　　然而，若再從旅人的角度思考，其實每個人都會有需要幫忙之時，只是我們該怎麼做才不至於被人們否定，被斥為要賴？

　　再舉一反例來對照參考。

　　一名流浪漢向房東詢問：「請問您這裡有房間出租嗎？」

　　「是的！」房東點頭。

　　那流浪漢又問：「不知道，原來住在那裡的房客是個什麼樣的人呢？」

　　只見房東憤憤地說：「哼，是個住了大半年也付不出房租，最後被我用掃把趕出去的傢伙。」

　　「很好，那我願意以相同的條件和對待搬進來住，可以嗎？」流浪漢說。

　　「……」房東無言以對。

　　想當然爾，房東是不可能答應流浪漢的提議的。只是像流浪漢這樣臉皮厚的人，在這現實社會中似乎還挺多的，好像常見的假殘障，他們裝哭假殘扮可憐，還會逼著我們伸手幫助，若是拒絕了，有人還會被斥責沒有良心。

　　一味只想得到人們的幫助，卻不思自己該怎麼付出的人，價

值觀是受人質疑的。然而，就像第一則故事中旅人的情況，任何一個人在人生路上確實會有需要接受別人幫助的時候，這時若不能丟開面子問題，若不能低頭請求，一旦挺不過難關，不過是讓自己白白犧牲罷了。

我們不妨這麼思考，無論在多失意的情況中，都要自己力圖振作，只要我們不放棄，人們自然會樂於伸出援手。

其實，求援需要的技巧不多，除了活用幽默之外，更重要的是，當我們面對困難時是否有決心突破，是否能讓人相信，他們對我們的這份幫助不會白費？

只要答案是肯定的，終有一天，他們會看見我們成功走出難關，這就是對每一個幫助過我們的人最好的回報。

靈活運用說話技巧，成效會更好

轉個彎說話，不必明說也能讓人得到啟發，不
必點破也能讓人聯想到問題的核心，這些正是
聰明人解決問題最常用的技巧。

導遊正帶著一批旅客參觀一間古堡，走到很長很深的地道裡
時，一群人在地道內發現了好幾具骷髏。

「天哪！怎麼有這麼多骷髏，這裡到底怎麼一回事？他們生
前是做什麼的？」一位旅客好奇地問導遊。

只見導遊聽了，似笑非笑地回答說：「我想，他們一定是那
些捨不得花錢請導遊的旅客吧！」

到底骷髏是否真因為迷路所以喪命，大概只有骷髏們自己知
道，不過導遊藉機把握行銷生意，聰明的人一聽就知。

其實，人們對於太直接的要求或明示，往往感受較強烈，如
果不顧及當事人的感覺，很容易讓人產生誤解或不良的印象而遭
人拒絕，所以說話的時候要借風駛船，轉個念頭，便能乘風而行！

就像故事中聰明的導遊不多說其他恐怖傳聞，而是輕輕開了
亡者一個小玩笑，也輕鬆地給了旅客們一個記憶觀念：「如果想
進古堡探險，還是找個專業的導遊陪伴吧！」

轉個彎說話，即使不必明說也能讓人得到啟發，讓問題不必
點破也能讓人聯想到問題的核心，這些正是聰明人解決問題的最

常用的技巧，好像下面這位教授的趣味引導。

有一間基督教大學每年都會將應屆畢業生的合影掛在學生活動大樓內，並且還會細心地在每個班級的鏡框旁，貼上最符合該班精神的《聖經》章節來作輔助說明，並給予同學們訓勉。

這一年，某個畢業班的同學便問教導他們的教授：「教授，您覺得我們要引《聖經》中哪一章節來代表我們班的特質呢？」

「第十一章三十五節。」教授毫不猶豫地回答。

同學們一聽，一個個急忙翻開《聖經》，找到了教授指出的那一節，上面寫著：「耶穌在哭泣！」

教授不說重話，不多給訓辭，而借耶穌的眼淚讓學生們省思，這些年來教授對他們的失望，從中或者更能引人深深自省吧！

人和人之間溝通原本就很耗費心力，確實需要我們多動腦發揮一些幽默感，畢竟，要能關照對方的自尊心，同時還要讓人肯聽進耳朵裡，那可不是隨口說說就能收到成效的。

好像第一則故事一般，擺進了過分恐怖的傳說，雖然能挑起人們的好奇心，可是若拿捏失了分寸，最後只會出現反效果，從此再無生意上門。至於教授的暗示借用，確實能數到極佳的效果，感性的「眼淚」形象，不只軟化了學生們的心，也潛入了同學們的思考裡，相信受教的人會從中認真體會到：「就要出社會了，再也不能像學生時一樣怠惰、散漫了，要積極面對未來，好讓教授能對著我們笑！」

明白其中寓意嗎？

那麼下一次，遇到了相似的難為情況或獨特需要時，希望能妥善運用機智巧妙的幽默對答解決一切難題。

設身處地思考，爭執自然減少

 過分私心運用，很難有圓滿的結果，若能多替對方著想，自然不會聽見人們的埋怨否定，更不會老與人們產生心結或摩擦。

見天色已暗，英國紳士只好在這個旅遊勝地內唯一的一間賓館投宿。

「對不起，請給我一個好的房間。」紳士客氣地請求。

服務員看了看他，卻問：「你有事先訂房嗎？」

「沒有！」紳士說。

「那，很對不起，目前房間已經客滿了，無法安排。」服務員說。

紳士一聽，不悅地說：「真的沒房間了嗎？聽好了，如果我說，今晚總統臨時決定到這裡來住宿，你應該會馬上幫他準備一間客房吧？」

服務員點了點頭說：「那當然啦，他是總……」

服務員話還沒說完，紳士便插話說：「好！現在，我將非常榮幸地通知你一聲，總統今晚不會來了！所以，麻煩你把他的房間給我吧！」

這位紳士的思考邏輯真是敏捷又獨特。順著紳士的問題反思，服務生其實已透露出「仍有空房」的情況，不是嗎？

　　站在商人的立場，或許這預留的動作另有用意，但面對眼前較迫切需要的人來說，這樣的預留動作便顯得有些不近人情了。

　　商戰場上的規矩本來就因人而易，我們很難得出公正的法則，不過，下面這個例子頗值得我們認真思考。

　　村裡的婦人們正在活動中心開會，這會議已經進行了三個小時，看起來一時之間還沒法子結束。

　　這時，有位中年婦女忽然站了起來，然後轉身朝向門口走去。主席見狀，不悅地問：「安娜，妳要去哪裡？這會議還沒結束啊！」

　　安娜回頭望了望主席，也老大不高興地回答說：「我家裡有孩子呀！我得回家看一看他們。」

　　這理由是可以體諒，所以安娜便離開了。

　　之後，會議又進行了二十分鐘，這時候，又有位年輕的婦人站了起來。

　　「莎拉，妳要去哪裡啊？如果我沒記錯的話，妳家中可沒有孩子呀！」主席不滿地阻止。

　　莎拉先是點了點頭，然後淡淡地說：「主席，如果我一直坐在這兒，那我家又怎麼會有小孩呢？」

　　相似的「不近人情」，相似的爭取權利動作，男女主角都不直指對方的問題，而是轉個彎反駁，讓對方知道生活之中更迫切的問題核心，讓他們知道，不要只懂得照顧自己的權利，而忽略了別人的感受與需要。

　　走出故事，回想現實生活中的大小問題，類似的情況其實屢見不鮮，不少人和主席或賓館人員一樣，只知照顧自己的需要和

情緒，卻忽略甚至是剝奪了別人的利益。遇見這種狀況，就要靈活運用自己的幽默，就好像故事中莎拉的情況，開玩笑說要「回家生小孩」，也指出了會議冗長的問題，讓她浪費了不少能安排的時間？

　　其實，無論是經商交易或是一般人際互動，過分私心運用，很難有一個圓滿的結果，若能多替對方著想，多站在客人們的角度多作一點考量，自然不會聽見人們的埋怨否定，更不會老與人們產生心結或摩擦。

冷靜處事，才能減少爭執

人與人之間若想多一點和諧，便要多用一些智慧，也多學會控制自己的脾氣，並多學習理性處的冷靜智慧。

　　天空忽然下起了雨，旅行者原本想再騎著馬繼續趕路，但雨越下越大，轉眼便淋溼了他一身：「不行，還是找個地方把身子烘乾才對。」

　　進了城裡，他找到一間小餐館，卻見裡頭擠滿了人，當然全是為了要躲這場大雨而湧進的人潮。

　　旅行者想盡辦法要靠近火爐，卻始終無法如願，忽然他想到了一個絕妙好計，於是對著老闆喊道：「老闆，快拿點魚去餵我的馬！」

　　「馬吃魚？馬不吃魚吧！」老闆也大聲反駁回去。

　　但是，旅行者仍然堅持，說道：「你別管，照我說的去做就對了。」

　　店裡的人們聽見兩個人的對話無不豎起耳朵，人人好奇心大作，紛紛跑出去外面看馬怎麼吃魚。

　　說到這兒，你想到些什麼沒？是的，一如聰明的你所想，大家都被好奇心驅使，出去看馬吃魚，如此一來店裡就只剩下旅行者一個人啦！

　　他說完話後，便輕鬆閒步到火爐旁邊坐了下來，慢慢等著這

火將自己溫暖烘乾。

　　過了一會兒，老闆和那一群七嘴八舌的好事者紛紛走進屋裡，老闆還很生氣地說：「喂，你的馬又不吃魚！」

　　旅行者聽了，笑著說：「這樣嗎？沒關係，你把魚放在桌子上，等我把衣服烘乾了，我自己吃。」

　　不必與人爭鬥，也不用向老闆提出抗議，只要動一動腦，只要用點無傷大雅的小心機，便能輕輕鬆鬆擁有自己想要的機會，又或者是保住自己的權利，就好像下面故事中士兵狄克的機智反應。

　　狄克正提著一瓶酒回到營地，但很不巧的是，讓他碰上了營隊裡以管理嚴苛著名的連長。果然，連長一發現他手中的酒瓶便質問：「哪裡來的酒？」

　　狄克見連長神色嚴厲，連忙回答說：「連長，這酒是我和上校合買的，其中有一半是屬於上校的。」

　　連長聽了，便說：「好，那把你那一半倒掉！」

　　狄克聽了，露出為難的表情：「連長，我不知道要怎麼倒，因為，我的那一半放在『上校的』下邊！」

　　關於這樣的答案，連長最後接不接受倒不是重點，重點是狄克靈活的反應讓人拍案叫絕。

　　他不與連長強烈爭執，也不故意捏造謊言，而是以退為進，先把責任目標轉移至「上校」的身上，然後玩弄一點小聰明，把「上校」擋在自己的前面去迎戰承擔，自己則暫時躲在旁邊，等待權利緊握在手後，再開開心心地享受擁有。

　　從中也讓我們明白了，生活不只要有隨機應變的智慧，更要有理性解決問題的冷靜，雖然兩則故事的主角在在展現了機智的重要，但這裡最值得我們學習討論的卻不在於他們的機智，而是他們面對問題的態度。

　　遇到困難，遇上麻煩，除了要學會冷靜之外，更要保持理性，絕不能以情緒對付問題，好像第一則故事，如果旅人在無法靠近火堆取暖的時候，因為寒冷與疲憊漸漸挑起壞情緒，最後除了可能與其他旅人爭吵起來之外，更有可能讓雙方因為火氣升起而落得兩敗俱傷。

　　再如狄克，若不是他機警「借將」，請上校出來壓連長，那酒恐怕早被下令沒收，而他也早換得一肚子的不滿牢騷吧！

　　人與人之間若想多一點和諧，不讓情緒傷害了人際關係，不想再有偏執鬥爭的場面，便要多用一些智慧，也多學會控制自己的脾氣，並多學習理性處的冷靜智慧。若能如此，我們不只能為自己建立一個成功的人際網，還能讓我們無論向哪個方向走去都無往不利！

動腦多一點，問題少一點

 那些習慣等待解答的人們，在得到明確答案之後，即使機會在手，即使第一步已經成功踏出去，他們依然會走向失敗。

受洗會上，牧師輕輕將小嬰兒抱起，準備好好為這新生命祈禱祝福，但就在他準備祈福時，只見他嘴巴張開了，卻一點聲音也沒有發出來。

原來，牧師忘了嬰孩的名字，雖然拼了命的回想，卻始終都想不起來，最後只得偷偷的問嬰兒的父親。

年輕爸爸指了指嬰兒的尿片，然後對牧師說：「那兒，尿片！尿片！」

牧師明白地點了點頭，說道：「喔！願上帝賜福給『尿片』，阿門。」

祈禱會結束後，一群人從教堂走了出來，嬰孩的母親忽然啜泣了起來，孩子的父親臉上也寫滿不悅，兩人站在門口，等著牧師出來。

「牧師，你是怎麼搞的？怎麼能給孩子取『尿片』這樣的名字呢？」嬰兒的父親不滿地質問。

「什麼？是你自己說孩子叫『尿片』的，不是嗎？」牧師滿臉無辜地說。

「我怎麼會叫我兒子尿片呢？剛剛我是在暗示你，孩子的名

字就寫在尿片上啊！」孩子的父親不悦地糾正。

給了暗示，卻還是理解錯誤，真要追究，責任當然得由牧師負起，不是嗎？

常見許多人就像牧師一樣，總推說自己真的無能爲力，以迷糊當作藉口，其實都是想逃避責任，一旦出了狀況，或是得了一個失敗的結果，總是習慣把「錯」全推說是別人的「過」。

生活是我們自己的，看似不嚴重的小動作，其中常常意味著一個人處事的態度，將孩子的名字誤解成了「尿片」雖然只淪爲笑談，但是不夠嚴謹認真的工作態度，卻也經由這個小動作被人們看得大清二楚。

如果還不明白問題的重點，我們再舉一則小例子，從中我們將更加清楚，見微知著的可信度。

書店裡，一位讀者向店員詢問：「你好，我打算到義大利度假，大約兩個星期，不知道你們這裡有沒有相關的旅遊圖書？」

「當然有啊！您真是太幸運了，這裡正巧有一本昨天剛到的新書《義大利十日遊》。」店員拿起正準備整理上架的書給他。

讀者把書接過，原來的笑容忽然不見，他困惑地問：「是不錯，可是……那我最後四天要怎麼辦？」

你認爲最後四天他該怎麼辦？其實，計劃旅行並不困難，重點在於我們是否願意用心規劃，或者只想當個盲驢，任人牽著走？

看看那個連收到暗示卻仍找不到答案的牧師，以及給了方向目標，卻還是不知道要怎麼走到終點的旅人，我們也看見了許多人常見的問題。

　　那些習慣等待解答的人們，在得到明確答案之後，即使機會在手，即使第一步已經成功踏出去，他們依然會走向失敗。

　　因為，接下來的路如果人們不再指引，他們的步伐仍只會在原地踏步，終點目標依然遙遙無期。

　　遇上困難，不要只想著向人詢問解答，不妨多給自己一點時間尋找答案吧。沒有親自經歷過困難，就永遠也學不會解決問題的辦法，一旦再遇上了困境，不只不會解決，恐怕還會陷得更深。

　　人生不怕困難重重，只怕我們沒勇氣迎戰，沒有決心解決，或許生活中的難題很多，但沒有一個是無解的，只要我們肯用心動腦，肯認真學習，相信很多事情都能迎刃而解。

　　所以，別再被那「十日」遊的計劃書侷限了，若有重要景點或最愛的風景區，不如在時間規劃上多分配一些，給自己多一點體會美景的時間，好讓這趟旅程不會有走馬看花之憾。

不切實際，只會增加壓力

生活本該切實，對於未來做再多想像，也難有真實的預見。與其誇口說未來，不如實實在在讓人們看見你我認真跨出的每一步。

　　有個鐵幕笑話說，在蘇俄的街上，有一群旅客跟著一位當地導遊的腳步欣賞這個充滿故事的國度。這導遊看來有些年紀了，可以很肯定的是，他對自己的國家充滿愛意和信心。因為，他正對著這群遊客說：「我們國家的經濟非常好，我相信，到了二千年的時候，莫斯科會有一半以上的人都將擁有私人飛機。」

　　有人不解地問：「一般人要私人飛機做什麼？」

　　導遊回答：「你不懂嗎？道理很簡單啊！假如他們聽說在列寧格勒的麵包店，將在某一天生產大量的麵包時，不就能乘著飛機趕到那裡排隊搶購嗎？」

　　這個諷刺笑話，其實只需要用三個字就能解決，那便是「想過多」了。當導遊自負誇口自己國家的未來發展的同時，也讓我們想起生活之中，那些好說大話的人。這一類人對於不必要的想像總是過量，不踏實的想望也超出了需要，只知道一味「幻想」，這是多麼不切實際的生活態度啊！

　　就像那些一天到晚預言未來危機的人，看似未雨綢繆，事實上都是無謂的杞人憂天，就好像下面這位牧師的情況。

　　牧師正在描述「世界末日」的景象，忽地對著信眾誇張述說著：「你們知道嗎？在那個時候，天不只會打雷閃電，還會有火焰從天而降，海水將覆蓋大地，四處都將洪水氾濫，還會發生山崩地裂……」

　　就在牧師說得口沫橫飛的時候，台下忽然傳來一個稚嫩可愛的孩音：「先生，到時候學校會放假嗎？」

　　「哈哈哈……」

　　孩子的問題逗得其他人大笑不止，牧師好不容易要進入主題卻被打斷，只見他以似笑非笑的臉回應孩子的問題：「當然！」

　　笑看孩子的天真疑問，讓人發現，孩子們果然比大人們還要實際且純真。

　　學校放不放假當然是個重點，因為那與孩子們切身相關，對於世界末日的情況知道再多也無用，畢竟真要發生了，他們也只能選擇面對。

　　其實，世界末日會是什麼情況，我們也只能想像，想多了也只是多添無謂的擔憂，對你我的生活並沒有多大的助益。

　　再從另一個角度思考，世末日界的想像不正如我們常見的胡亂猜想，我們不是常說「多想無益」，何必想那麼多？何必讓生活增添那麼多害怕壓力？

　　這兩則故事的旨意其實很簡單，說明了生活本該切實，對於未來做再多想像，也難有真實的預見。與其誇口說未來，不如實實在在地讓人們看見你我認真跨出的每一步。

學會保護，才不會受人欺負

惡人向來只會得寸進尺，如果連自我保護機制
都沒有，連人們都已啃起我們的骨頭卻還沒感
覺，還真不能怨怪別人狡詐狠心！

　　艾文很想喝酒，於是向村中的一位猶太人借一個銀幣，雙方
寫明了借據和條件：「艾文必須於明年春天時將債務還清，並且
得加利息。在此期間，他用斧頭作為抵押品。」

　　艾文簽了名，然後拿起了借據準備離開，這時猶太人叫住了
他：「艾文，等一等！我想到了一件事，等到明春要你湊足兩個
銀幣，這對你來說恐怕是一件非常困難的事，不如，你現在先付
一半不是更好？」

　　艾文聽了，竟說：「你這話滿有道理的。」

　　於是，便見艾文將手上剛剛借來的一個銀幣，又還給了猶太
人。在回家的路上，艾文想了又想，總覺得這道理有些奇怪，但
他卻沒有立即想通。路上不少人都聽見他自言自語的說：「這真
是怪事！我銀幣沒了，斧頭也沒了，可我卻還欠他一個銀幣……
這，那猶太人還滿聰明的嘛！」

　　猶太人果然聰明，然而在這裡，我們倒無須強化他的聰明狡
猾，因為狡猾的人已經夠多了，與其學習如何詭計多端，不如多
提醒自己，別再像艾文這樣腦筋轉不過來，老讓自己掉入「賠了

夫人又折兵」的結果。

我們都知道，惡人向來只會得寸進尺，不懂什麼叫適可而止，如果我們連基本的自我保護機制都沒有，連人們都已啃起我們的骨頭卻還沒感覺，還真不能怨怪別人狡詐狠心！

當艾文自言自語著「滿聰明」的同時，我們也發覺單純善良看似美好，有時候卻成了可怕的弱點，若不即時修正，不能為自己設一個停損點，最終也只能眼巴巴地看著自己被人啃個精光。

這點，對聰明人來說就不管用了，即使有再多的同情，也絕不能濫情，只要自己設了一個底限，自然不會被人「吃夠夠」了。

有個乞丐正在向拉比訴苦：「拉比，我想向您請教一個很難很難的問題，如果今天有個人快餓死了，可是他身上卻連一塊錢也沒有，該怎麼辦呢？」

拉比聽了，什麼話也沒說，只把幾個硬幣遞給了他。

第二天，乞丐又來敲拉比的門：「拉比，我又有個很難很難的問題……」

「問題是不是和昨天一樣？」拉比反問。

「拉比，您真是神啊！」乞丐故作驚奇狀。

拉比淡淡地說：「我不是已經把答案告訴你了嗎？」

乞丐先是點了點頭，然後笑著說：「嗯，其實我也想要好好地領會您的答案，可是我昨天回家之後，卻發現您的答案已經不在了！所以，能不能請您再給我一個『新的答案』？」

狡猾的提問暗示，聰明的拉比一聽便知其中重點，但他並沒有斥責，反倒是伸手幫助，這是乞丐的幸運，也是他應當認真感受並深思的。然而，懶惰的乞丐卻不好好珍惜拉比給的機會與分

享，而是佔到便宜後還想再索求，這種行為實在不足取。

　　至於拉比，當然也不是個爛好人，他給了乞丐機會，偏偏乞丐心思狡猾地想再敲一筆錢。從拉比提醒他「答案早給」的回應中，我們不難猜到，這一回機巧的乞丐是不可能再從拉比手中得到任何一毛錢了。

　　雖然說心軟無罪，但這無疑會讓我們誤入險境，因為若只懂得感性同情，卻不能理性思辨，很容易讓自己一再受到無情的傷害。同樣的，一個人想保持心思簡單並沒有錯，可是如果凡事一味的相信，甚至只懂一再退讓，那也只會讓自己不斷地受到傷害，不斷地傷心失望！

　　我們可以不學狡猾，但要學會自保，人和人之間總有許多預料不到的情況，或許預防不易，但至少在發現危機時，我們一定要勇於對抗，也勇於為自己爭取應有的權利。

少點庸人自擾，生活自然美好

深思熟慮的確能減少不必要的損失，可是卻常見人們最終既未能好好珍惜必須珍惜的昨日，還喪失了本來能把握的今天機遇。

佛羅里達的海濱藍天非常吸引人，有位從北方來的旅客看了很是著迷。

望著大海，他問導遊：「這水中沒有鱷魚吧？」

「沒有！」導遊很肯定地說。

「你敢保證沒有？」遊客懷疑地問。

「我保證，這裡絕對沒有鱷魚，一隻也沒有。」導遊笑著回答說。

聽見導遊再三保證，這名遊客也就不再害怕，匆匆脫了衣服便跳下水去了。

其他人看了也跟著下水玩，最後連導遊也跟大家到水中玩耍消暑。導遊來到那名客人的身邊時，他忍不住又問：「導遊先生，是什麼理由讓你敢保證這裡沒有鱷魚呢？」

只見導遊冷笑一聲，說道：「呵！因為，鱷魚害怕這水底的鯊魚！」

那遊客聽了，驚呼了一聲：「什麼？鯊魚？」

無謂的擔憂總讓人感到可笑的，無怪乎導遊要故意玩弄這個

膽小鬼了！

　　透過這個疑心病重的遊客，我們可以發現，其實許多人不也和他一樣，想下水，偏偏又替自己套上許多擔心與顧忌；下了水，卻又給自己一堆緊張害怕，如此一來，怎能玩個盡興呢？

　　生活中總有許多難以預料之事，雖然小心防範的想法是正確的，但小心翼翼過了頭，只會讓自己難有一個無壓且輕鬆自在的生活。

　　所以，別再給自己增添無謂的壓力，更不要把別人的煩惱攬在身上了，丟開不必要的煩惱，才能盡情享受人生。

　　也別再像個老者念茲在茲著那些早已過往的舊日情懷了，該放手的時候就放手吧，或許，反而能讓後人們成就另一段美妙的往日故事呢！

　　不懂？那就請某巴黎教堂的教士們來解釋一下吧！

　　巴黎有一間殘破不堪的老教堂，由於已多年沒有整修，教士們便請建築師來評估，他們一致主張教堂已經殘破得無法整修，必須重建一間全新的教堂。長老會收到報告後也了同意他們的主張，還回信提出三項重要的意見：

　　「我們絕對尊重也同意你們的意見，不過請務必也遵守長老們在聆聽神的旨意後的三項決議：

　　第一，建造新的教堂───一致通過。

　　第二，新教堂建成之前，暫用舊教堂───一致通過。

　　第三，用舊教堂的磚石砌新教堂───一致通過。」

　　收到長老會審核後的議案，想必讓該教士們搖頭嘆息吧！

　　第三項或許比較容易解決，但第二項要求根本就是強人所難，

如果不能離開舊的居所，又要如何重建新的教堂？

在新舊爭執中，人們常會有許多考慮，深思熟慮的確能減少不必要的損失，可是捨與不捨之間，卻常見人們最終既未能好好珍惜必須珍惜的昨日，更甚者還喪失了本來能把握的今天機遇。

人生的遭遇就像在水中悠游時，明知海上情況千變萬化，仍然要能勇於遨遊。想乘風破浪，飛躍巔峰，就要能克服恐懼，並擺脫過去的束縛，才能再造一座讓後人驚嘆的輝煌聖殿。

面對八卦，聰明人不多話

道聽塗說，最終傷害的不會只有傳說的受害者，還包括我們自己！不是親耳聽聞，不是親眼目睹，就不能張口四處傳說。

信仰虔誠的猶太人對著朋友說：「現在，我說一個關於拉比的奇蹟！」

「那天，我們坐在一輛沒有遮篷的馬車上趕路，沒想到，忽然下起了傾盆大雨，一群人叫苦連天。就在這個時候，只見拉比伸出了手臂……」這教徒講到這兒時，停頓了一下，然後又問：「你猜，我看見了什麼情況？」

現場一片安靜，不少人跟著問號搖頭表示不知道，安靜了幾秒後，他才說：「就在那個時候奇蹟發生了，我看見馬車的左邊和右邊都在下雨，唯獨馬車的中間，也就馬車前進的道路上竟是一滴雨也沒有！」

這時，另一個反拉比的人卻說：「這也叫奇蹟？如果和我親身經歷的奇蹟相比，這還真是小巫見大巫了。」

「是嗎？」猶太人不滿地看著他。

「當然啦。想起那個時候，我和朋友們一起坐在火車上，很不幸的遇上了大風雪，當時鐵道被風雪所阻，我們等了好幾天，直到星期五那天，列車終於可以啟程了。」他說。

「那天怎麼樣？」猶太人聽了不大明白。

「你不知道嗎？那天剛好就是安息日啊！當時，車廂中有不少猶太人哀號著，因為依照規定，這天是不能搭車的，但是，就在這個時候，有位拉比伸出了手臂，喃喃祈禱道：『左邊是安息日，右邊是安息日，火車在中間行駛！』」這個反信仰的人嘲諷地說。

為了讓人們信仰更虔誠，民間總有許多神蹟傳說，只是一口傳一口，想要找出真正親眼看見的人，可也是個「奇蹟」之事。

所幸不同的人有著不同的思考模式，總會有一些思考較周密人會帶動理性的反思，一如下面的例子。

一位著名的牧師做完彌撒後，對信眾說：「我的兄弟姐妹們，你們對於『信心』這兩個字還有不解的地方嗎？」

一名學生舉手大聲問道：「請問，為什麼這教堂的頂端要裝避雷針？」

或許神佛的傳說強調信仰的力量，但過度的神蹟傳言卻是無益甚至有害的，一如惡意中傷他人的流言蜚語。

在此，我們不多說神佛之事，而是從這類「傳說」中深思，人群之間的互動不也常見類似的情況？傳說他人的是非八卦，傳說人們的緋聞壞話，終成一個真實的錯誤訊息，好人成了大壞蛋，惡人竟能成為英雄！

所謂「三人成虎」便是說這一類現象。

當人們不能理性思考，不能冷靜探究，只知道聽塗說，相信路邊消息，甚至還好事地跟著誇張流傳，或不負責任地加油添醋，最終傷害的不會只有傳說的受害者，還包括我們自己！因為當事

實揭開之後，假如真相完全不似你我所說，試想，人們往後又怎麼會再相信我們？

我們都知道，散播別人的是非容易，蓄意中傷他人也很簡單，但要維護人跟人之間的信任與情誼卻很困難，老一輩常說「飯可以多吃，但話不可亂說」，便是要提醒我們，不是親耳聽聞，不是親眼目睹，就不能張口四處傳說。

我們也知道，傳說閒話，最終常常偏離了真實的情況，徒添當事人不必要的傷害。想拉近人與人之間距離，希望少一點人際上的衝突與是非，我們是否更應該要明白謹慎言語的重要？

PART 5

多點讚美，
關係會更和諧

強勢女人不妨對男人多一點鼓勵，

習慣高高在上的大男人，

不妨給女人多一點讚美，

彼此便會因為這份體貼心而更加和諧緊密。

放慢腳步，享受生活情趣

現代人因為「效率」要求成習，即便休閒時光也一樣講速度，結果，看似休閒消費的美好時光，還是沒能得到真正充分的休息。

　　想得到充分的休息，便要確實放慢生活的腳步，習慣匆匆生活的人，反而容易匆匆錯過許多美好的事。

　　放慢生活的步調，才能真正放緩我們的精神壓力，吃要慢慢吃，看要慢慢看，不只是為了看見世界之美，或嚐出極品美味，更是為了慢步累積出屬於我們的「獨到經驗」。

　　放慢腳步才能享受生活情趣，不至於動不動就為了小事生氣。

　　「先生，我要的甲魚湯怎麼還不來？我已經等了半個多小時啊！」客人不太高興地說。

　　「對不起，我一點也沒忘記。不過您也知道，甲魚在處理上比較麻煩，

烹飪時會花點時間，是快不得的。」服務生滿臉歉意地說。

　　卻見客人搖了搖頭說：「先生，我的意思是，如果這道菜能早點上桌的話，那條甲魚應該會比較新鮮，不是嗎？」

　　聽見客人這麼，服務生不知該怎麼回應，只好匆匆說：「這……我去問一問廚師好了。」

　　明知道食材需要較長的時間烹煮，卻還是把服務叫來訓一頓，實在有失紳士風度，像這樣的餐飲爭執，日常生活中頗為常見，好像下面這則故事。

　　餐廳內，有位客人很不耐煩地坐在位子上，他坐在那兒已經了很久，卻始終不見服務生將他點的餐送來。

　　這時，有個服務生經過他的身邊，他連忙叫住對方，口氣極差地問：「為什麼我的紅燒魚還沒好？」

　　服務生滿臉歉意地說：「對不起，請您再等一等。」

　　「再等一等？我都等了半個小時了，還要我等到什麼時候呢？難不成你們的魚是出海現釣的嗎？」客人極不悅地說。

　　看著不耐煩的客人，想必不少人都覺得畫面很熟悉，只是不知道這熟悉的畫面是發生在朋友身上，還是自己身上？

　　暫時不管餐廳的疏失，不妨想一想，帶著好心情來餐廳吃飯，卻為了一個遲到的餐點而壞了心情，實在有些得不償失，試想火氣升起後，就算餐點即時補上，大概也很少人還會有胃口，細細品嚐其中美味吧！

　　那麼，遇上相似情況時，該怎麼反應呢？

　　還是微笑等一等吧！真要是不耐煩，就把餐點退了，換一道

烹調較方便的食材，好早早填飽你的胃。

　　吃，原本是件享受的事，但現代人因為「效率」要求成習，即便休閒時光也一樣要講「速度」，結果，看似休閒消費的美好時光，常常因為「趕鴨子」的習慣動作，還是沒能得到真正充分的休息。

　　有多少人發現自己經常顯得「不耐煩」呢？一要出門旅行，笑容看似多，實則壓力早堆滿肩？

　　放輕鬆吧！既然想休息，就讓生活步調慢一點，餐點遲到，微笑溝通，大可不必為這樣一件小事發脾氣啊！

多點讚美，關係會更和諧

 強勢女人不妨對男人多一點鼓勵，習慣高高在上的大男人，不妨給女人多一點讚美，彼此便會因為這份體貼心而更加和諧緊密。

在強調英雄的影片裡，總少不了強壯男孩和柔弱女孩的組合，更時常出現男人聰明和女人愚笨的對比。

不能否定，面對事情時，男女確實會有不同的思考角度和應變能力，但這些不同並不代表男人一定高過女人。

反之，以女權為主題，大女人們的思考態度又與大男人相似，社會上的男女問題，便在這些強調誰高誰低，或是誰對誰錯的爭執中狀況百出。

阿凱一拿到薪水，便大方決定帶著老婆到一間豪華餐館大吃一頓。

吃完飯後，他和妻子愉快地拿著帳單到櫃台結帳，就在算帳時，他忽然發現一件事：「請問，我們只點一杯酒而已，為什麼會那麼貴？」

「對不起，本店的規矩是即便只點一杯酒，也算一瓶酒的價格，其他特惠產品也是如此。」櫃台人員說。

聽完櫃台人員這麼說，阿凱的妻子頓時臉慘白，阿凱一看著急問道：「老婆，妳沒事吧？吃壞肚子了嗎？臉色怎麼變得這麼

蒼白？」

　　老婆小聲地說：「老公啊，你忘了嗎？我剛才可吃了一塊鯨魚肉哪！」

　　阿凱一聽，哈哈一笑說：「沒關係，我付得起！」

　　如果身邊的伴和阿凱老婆一樣有些傻氣，你會怎麼對待，是笑著欣賞她的迷糊，還是苦著臉心想：「救命啊，哪裡來的笨女人？」

　　在男女價值觀裡，聰明幹練的男人是必備要求，至於女人，總是被要求謙卑一些，或是帶點傻呼呼的個性，說穿了，便是希望她們能事事都睜一隻眼閉一隻眼，是真笨還是裝傻，只有女人自己知道。

　　某個馬戲團裡有一位漂亮的女馴獸師，所有動物都對她唯命是從，只要她一發號命令，凶猛的獅子便會乖乖將牠的爪子搭在她肩上，這個危險鏡頭總是引來觀眾們歡聲雷動。

　　這天，有位愛慕女郎的男士很不以為然地說：「這誰不會這個啊？」

　　管理人員一聽，便向他挑釁，問道：「是嗎？那你要不要試一試呢？」

　「當然好啊！」男人大聲地回答。不過，隨即他又補了一句：「可是，你們要先把將那頭獅子弄走。」

　如果女人強勢一些，並不會見到男人謙卑低頭，很多時候，他們總像故事中的男士一樣故作堅強。

　其實，「男人和女人之間」不也和「人與人之間」一樣，從「人」的角度思考，人際關係交流應該不分男人或女人，更不該分大人和小孩才是。若懂得一視同仁，也許男人和女人之間的戰爭便能少一些。

　現代社會中，兩性之間的相處，總是一個進，另一個便退，或是一個擺高姿態，另一個身段就放低，男人與女人想得到真正的平起平坐地位，或許還需要很長的時間和進化。

　但在此之前，不妨從自己開始，強勢女人不妨對能力有限的男人多一點鼓勵，少一點苛責，也許夫妻之間便會因為這個包容少一點紛爭；至於習慣高高在上的大男人，不妨給謙卑的女人多一點讚美，少一點指使，相信彼此之間便會因為這份體貼心而更加和諧緊密。

真心對待，才是真正的關懷

人和人之間真正需要的是「互相」而非「供需」，能多一點尊重心，多一點關懷情，才不會生活在沒有溫度的冷漠環境。

不經意中助人，小善也會是大善，反之，有目的、有所為而為之的善行，反而常常顯露出人性醜惡的那一面。

明白這個道理後，不妨靜靜思考，想想自己曾經有過的祝禱，是不是有人曾經向老天爺這麼祈求著：「老天爺啊！您放心，只要您給我千萬財富，我每年一定會捐百萬來助人！」

某個猶太教區的人們十分努力，他們遵行教規勤奮不懈，終於讓該區成為所有教區之中最繁華富裕的地方。

但是，萬萬沒想到，就在大家的生活改善之後，卻遇上了一個大問題！

教規裡有這麼一項必須遵守的法規：「要幫助窮人！」

或許有人會說那很簡單，但是在這裡，因為大家的互相扶持幫助，如今該區已達人人均富的目標，想找個需要幫助的人都沒有。

「這到底該怎麼辦才好？這裡連一個可以讓我們為他做點好事的窮人也沒有，要怎麼實踐對主的承諾呢？」有個富翁十分煩惱地對友人說。

富翁的朋友也點了點頭說：「嗯，我們總得想個辦法才行。」

兩個人搔頭苦思了半天，怎麼也想不出法子，這時有個人經過，好奇地問：「你們怎麼啦？」

富翁說明原因後，那人笑著說：「還不簡單，請個乞丐來這不就行了。」

「是啊，這真是個好辦法！」兩個人異口同聲地說。

不久，教區內出現了一個渾身惡臭的乞丐，因應當地人們的「需要」，從此必須長居在這兒。

因為被需要而生活在這兒的乞丐，慢慢也依恃著人們的「需要」，變得越來越目中無人，不少外地人見他穿著一身破衣裳，但言行舉止卻比那些富翁們更顯「財大氣粗」，都忍不住問：「那些富翁，是不是得了精神病啊？」

當地人聽聞後，忍不住對乞丐抱怨說：「拜託，您要低調一點，謙虛一點，那樣才像個乞丐啊！」

誰知乞丐卻這麼回答：「先生，是你們請我來這兒的！既然看不下去，那好！明天我就回故鄉，看你們能為誰做善事！」

得人幫助，不知感恩，還回以威脅，於情於理沒有人會覺得乞丐是對的。只是，若冷靜追究起來，讓乞丐變得如此目中無人，那樣狂妄自恃的推手，不正是那些要乞丐低調些的富翁們嗎？

在這個「行善」動作裡，富翁們少了一份純粹的善心，好像人們常說的，有目的的善行非真善，總是多了些矯情，如此反思，或許不難理解乞丐何以會變得如此狂妄吧！

人心的真偽難遮掩，當乞丐面對這些虛情假意，只為應付教規而付出的富豪，又感受不到一些真心對待的時候，性情怎麼不會順勢而變？

故事滿是人情冷漠，卻更引得人深刻省思：「人和人之間真正需要的是『互相』而非『供需』，能多一點尊重心，多一點關懷情，才不會生活在沒有溫度的冷漠環境。」

想走出困境就要誠實面對自己

每個人都有必須負責的崗位，若不能親自監守完成，有任何狀況發生，無權用任何藉口卸責，畢竟未能克盡職責的人是自己。

多數人總習慣以怪責他人掩飾己過，為減輕壓力習慣拉別人一同背負己責，若是為了走出困境，短暫的依賴尚能體諒，但若企圖甩開職責，把一切都諉過他人，最受傷的人不會是對方而是我們自己。

生活責任有重有輕，無論面臨的壓力有多大，每個人都一定有能力負載，每件事都是為了累積生活的需要而來，當然也包括突如其來的意外。

達拉那省有一個極敬畏上帝的老人，是位非常出色的燒炭工人。

有一天，他正認真燒炭時，突然

想起家人交代要處理的事情，得到鎮上一趟，但是總不能扔下木炭不管，那該怎麼辦才好呢？

「要是引起火災就糟了！屆時一切都毀了，上帝一定要怪罪下來的。」老人家心想。

然而，一轉念，他忽然又想起：「如果，把木炭交給上帝照顧呢？」

於是，他走出門外對著天，像託付什麼事一般：「萬能的上帝啊！麻煩您幫我看著這堆木炭，可別讓它著火了呀！」

說完，老人家便乘著車到鎮上辦事了，直到兩個小時之後，當他再回到家裡時，卻見四下炭灰飛揚：「不希望發生的事還是發生了，怎麼會這樣呢？」

現場木炭火星四爆，也因為烈火持續燒著，紅通的木炭仍燒得劈哩啪啦響。

「這真是一場大災難啊！」老人家眼看一切心血都燒光了，軟癱在地上。

無奈地望著天，老人嘆了口氣說：「上帝呀，這世界上絕大部分的事情您都能統治安排，可今天我終於知道，您永遠不會是一個好的燒炭工。」

先別笑老人的無知，嘲笑之前，不妨想一想自己，是否也曾和老人家一般怨尤老天爺呢？

思考其中對錯，我們不難發現，其實有不少人和老人家一樣，總在請求老天爺幫忙後，因為最終得不到一個好結果，習慣將問題和責任推給無形的上帝，忘了自己應負的職責。

每個人都有必須負責的崗位，若不能親自監守直到完成，有任何狀況發生，無權用任何藉口卸責，一如故事中的老炭工，心

血燒光的剎那，該怪責的是自己，畢竟未能克盡職責的人是自己。

　　上帝本來就不會是個好工人，即便委託他人幫忙看顧，也很難找到能比自己做得更好的人，不是嗎？

　　成功圓圈的構成，得靠每個人盡責地緊緊相握而成，千萬別想把自己的責任丟給他人，一旦抽手，便很難再加入這成功的圓，只因你甩開的片刻，選擇負起責任的人會迅速遞補你出缺的空間。

生活不能只求「差不多」

生活不能事事都約略帶過，態度不求嚴謹，容易偏差錯想，甚至選錯了人生方向。

我們常常聽見有人這麼說：「差不多就好！」

我們也不難發現，不少抱持著「差不多」態度生活的人們，因為這個不問準確、不求執著的態度頻頻出錯。

智者常說凡事要「睜一隻眼閉一隻眼」，但我們可以就此以為他們淡看世事，人情淺交，對任何事都無所謂？

當然不是了，事實上他們事事早仔細思量過，儘管一派輕鬆無所謂的模樣，實則不乏審慎的專業評量動作，甚至還早計謀好未來退路呀！

湯姆走進餐館，對服務生說：「麻煩您，給我一個非吸煙區的位子。」

幾分鐘後，服務生帶著湯姆來到一張桌子面前，對他說：「先生，對不起只剩這個位子，這個位子正巧是吸煙與非吸煙區的邊界，只要您別往頭轉向左邊呼吸就好。」

生活真只能差不多就好嗎？還是應該多一點堅持呢？

先看看一名美國牧師與老農夫的互動，再來細細思考生活該

有的基本態度。

今天是這位年輕牧師第一次主持禮拜，他一踏進這間小教堂，卻見裡頭空蕩蕩，只坐了一位老農夫。

農夫看見牧師滿臉失望的神情，便安慰他說：「你知道嗎？當我餵馬時，即使只有一匹馬前來，我還是會餵牠。」

聽見農夫的鼓勵，牧師非常感動，於是立即開始滔滔不絕地講道，這一講便是一整個上午！

禮拜儀式結束之前，他向老農夫請教意見，只見農夫睡眼惺忪地說：「假如只有一匹馬前來，我絕不會用一整車的飼料來餵牠。」

對於牧師的熱情專注，對比著老農夫的散漫疲態，或許多數人較同情老農夫，但若從「專業精神」的角度來評論，牧師的全力付出才是他應該表現的態度，至於老農夫，態度當然有缺失。

再對照服務生幽默的要湯姆偏過頭，兩則故事帶出了人們隨便的態度，無論是從服務生或農夫的角度，都使我們反思：「生活不能事事都約略帶過，態度不求嚴謹，容易偏差錯想，甚至選

錯了人生方向。」

當牧師傾全力演說時，應該給他多一點鼓勵而不是否定，畢竟生活中多的是怠惰敷衍的人，難得見到熱情執著的認真身影。

假設你是湯姆，對於服務生的草率態度，是否能夠接受？

想必能接受的人不多吧！畢竟沒有人不希望遇上態度專業的人，可以為自己提供確實且實在的服務，不是嗎？

保持清醒才能走出困境

醉，也許能讓人暫時逃避挫折，但沒有人可以一輩子躲匿，與其腦袋昏沉，看不見困境，不如振作清醒，積極迎向生活難題吧！

說到酒，或許不同的人有不同的心得感受，但無論如何，要是喝得過量，酒醉不僅傷身，更容易誤事。

無論是否貪戀杯中酒的人，不妨一同想想，生活中常見的酒後失態與酒後事故，不都是因為貪圖「再一杯」所致？

小酌怡情，牛飲傷身，為別人也更為自己，飲酒之時一定要提醒自己別醉到失心，連方向都分不清啊！

主人將自製的酒溫熱，並熱情招待這個來自偏僻小鎮的丹麥人，誰知才喝一杯，便見他滿臉蒼白。

這個才喝一杯就醉的丹

麥人，神情有些吃力地問：「請問，這酒濃度多少？」

「準確的濃度數字我實在不知道，不過就以往經驗，假如一整瓶都喝的話，應該可以打十二場架，甚至殺了人都可能⋯⋯不知道！」主人笑著說。

主人笑談酒醉迷失，卻也重重點出醉漢誤事的事實，喜歡喝酒的人是否能夠體悟出其中深意？

再和哈比一同聽聽導遊怎麼說。

哈比和親友們一同到蘇格蘭旅行，造訪尼斯湖之時，每個人無不希望今天能親眼目睹傳說中的水怪。哈比專注地看著湖面，只見湖面風平浪靜，於是小聲地問導遊：「請問，那怪獸通常會在什麼時候出現？」

導遊聽了，笑著說：「等你喝下五杯威士忌之後，那怪獸就會出現啦！」

五杯威士忌引怪獸出現，實是很妙的比喻，從另一個角度看，不正說明了沉迷酒國者的渾噩狀態？

「借酒紓壓」或「借酒澆愁」都是藉口，糊塗過日與難得糊塗可大不相同，前者迷迷糊糊生活，看不見的不只是苦澀愁容，還包括振奮人心的朝陽。

生活不怕困境，就怕失去自信，缺乏動力。醉，也許能讓人暫時逃避挫折，但沒有人可以一輩子躲匿，所以，生活越苦悶越不該用酒麻醉自己，與其腦袋昏沉，看不見現實困境，不如振作清醒，積極迎向生活難題吧！

誠意不能用金錢換算

信仰宗教原本只是個寄託，真心助人，誠懇捐輸，沒有丁點回饋期望，那麼即使只捐百分之一同樣價值非凡。

因為人心人性，讓不少神職人員有機可乘，他們假助人之名行真斂財之事，信眾們也因為心中所有求而捐贈錢財，因為有所求，所以不少人常為必須捐出的「數字」苦惱不已。

然而，捐助本來就該隨人心意，更何況助人可分出錢或出力，即便修補福德，也不是非得用「錢」才能換購實質福報，假若心中助人誠意不足，即便捐出千萬也換不到一分神明的賜福啊！

有位牧師正在為自己的教堂募款，他以十分誠懇且感性的口氣對信徒們說：「上帝給了你們許多恩賜，如今是你們感恩報答的最佳時候，所以，我想請今天來到這兒的你們，大方奉獻出你們收入的十

分之一吧！相信上帝會給你們更多力量的！」

有位信徒聽了十分感動，他激動地站了起來，並大聲地說：「『十分之一』？這怎麼夠呢？各位，我們應該每個人捐出『二十分之一』才對啊！」

你認為幾分最能表現誠意呢？十分之一還是二十分之一？

原本激動想表達心意的信徒，卻脫口而出的二十分之一，看其心意應當不假，只是稍具基本數字概念的人都知道，二十分之一比十分之一的數量比例更少，怎麼能算得上更添誠意，但錢的比例有那麼重要嗎？

以錢的多寡來算誠意，不免有失公允，心意是真或假，總得由捐助者自己省思。許多人為了所謂的「添福添壽」或是「消災祈福」，每每喜歡將大把鈔票往油箱裡塞，或是搶著捐錢蓋廟堂，隱著心虛與企圖說「幫助」，錢看似花在刀口，實則進一步成了有心人眼中的詐騙肥羊，不是嗎？

很喜歡「神在我心」這四個字，那代表只要我們心念時時向善，也隨時隨地舉手助人，抬頭望著天便得見神祇上帝，換言之，只要讓自己能成為別人眼中的活菩薩，那麼想要的福壽自然近臨，災厄自然遠離。

信仰宗教原本只是個寄託，神父與和尚本該力行宗教旨意救助世人，而非處處要人們捐錢蓋廟，捐二十分之一或是捐十分之一其實一點差別也沒有，真心助人，誠懇捐輸，沒有丁點回饋期望，那麼即使只捐百分之一同樣價值非凡。

PART 6

與其口是心非，
不如機智應對

不必口是心非說假話，
也不必昧著良心編謊話，
當脾氣或真實感受不能直接表示出來時，
不妨轉個彎，或是借物比喻。

不是針對，只是讓人明白自己不對

對付自私自利的人，不必怒言相向，最好的教訓方法就是以其人之道還治其人之身，大可不必動氣，能微笑應付才算聰明人。

深夜，搶匪盯上了一個西裝筆挺的男子，就在轉角，搶匪忽然舉槍指著那男子說：「快，把你的錢拿出來給我！」

面對惡徒的威脅，男子一點也不畏懼，反而大聲怒斥道：「你幹什麼！我可是國會議員啊！」

沒想到搶匪聽了，竟然回他一句：「那好，快把我的錢還給我！」

透過對話，我們不難感受到那位國會議員的「自大」，在習慣了人們「哈腰奉承」的環境後，遇上態度強勢於他的搶匪，並未察覺自己所處的危機，卻還想藉自己的政治地位，以盛氣凌人之勢來壓制對方，真不知道要笑他愚昧，還是嘆他好發官威。

暫擱這事情的對錯，換個角度想，有些人的確要受點教訓才知道要謙卑！

就好像生活中常見的自私的人，只知多佔利益，卻不懂與人分享，成為社會的負擔，一如下面這個情況。

有個男子走進火車的第一節車廂，一屁股坐在一個座位上，

然後順手讓手中的「箱子」坐在他身邊的另一個位子上。

不久之後，有個乘客來到他的身邊，指著放箱子的座位問道：「先生，請問這是您的箱子嗎？」

「喔！不，那是我朋友的。」男子還指著窗外補充：「你看，她正站在月台上跟人說話。」

這位乘客看了看窗外，果然有個女孩正站在車邊與另一個男子說話，看起來，那女孩似乎很捨不得與男子話別。

「嗚……」火車就要啟程了，那女孩看起來似乎無意上車。

不一會兒，火車開動前進了，那位站在男子身邊的旅客，忽然一把提起那只箱子，接著竟將箱子往窗外扔去，然後準備坐到原本放箱子的位子。

那男子先是被他的舉動嚇得目瞪口呆，旋即才著急地大聲斥喝：「你……你發什麼神經啊？你這是幹什麼？」

這位旅客看著男子，微笑地說：「喔，你的朋友不是沒上車嗎？那你不是應該把她的行李還給她嗎？」

「啊？」男子一聽，啞口無言。

歐洲有句頗有意思的諺語是這麼說的：「生氣的時候，如果去踢石頭，疼的只是自己。」

真正有智慧的人，即使生氣憤怒的時候，也不會幼稚到用自己的腳去踢石頭，而是會用機智的方式表達自己的意思。

對付那些自私自利的人，我們不必怒言相向，最好的教訓方法就是以其人之道還治其人之身。

在現實生活中，看多了自私為己的人，也許不少人氣得心肝肺俱傷。其實，大可不必動氣，能微笑應付才算聰明人，也常能得到絕佳的功效。

　　好像故事中的旅客一般，安安靜靜等在一旁，適度冷靜的回擊，雖然動作也有些過了頭，但卻不失一個教訓對方的方法。

　　畢竟，當怒言或和顏對待都不見回應時，也只能用更具體的動作，讓對方知道我們的感受和他的「錯」！

　　這裡我們純粹從「自私」的議題思考，不就其中反應動作的對錯去檢討，因爲生活中許多時候得視情況而定，也得因人而異。只要人際互動多點深思，少一點自私，我們自然能得和諧的人際關係。

與其口是心非，不如機智應對

 不必口是心非說假話，也不必昧著良心編謊話，當脾氣或真實感受不能直接表示出來時，不妨轉個彎，或是借物比喻。

在某個地方，有一個非常獨特的風俗習慣，村裡往生的人下葬時，必須要有一篇祭文來悼念亡者，若是沒有人致哀悼詞，往生者是不能埋葬入土的。

悼念文要怎麼寫才好？

根據當地人們的習慣是，以尊重死者為要，所以詞句必須得是「稱讚」死者的話，而且最好是越誇張越好。

然而有一回，當地有一名惡名昭彰的傢伙往生了，卻遍尋不著肯為他寫祭文的人，因而遲遲未能下葬，這也讓他的屍體在家裡多擺了兩天兩夜。直到第三天，總算有個鄰居因為看不下去了，答應為他寫份悼詞。

下葬這天，也是由這位好鄰居來唸這份悼詞。在棺木前，只見鄰居嘆了口氣說：「嗯，各位先生女士們，我們都知道這個死者是誰，他不只是一個小偷，還是一個騙子，更是一個嗜酒如命的傢伙！不過，我們也知道，若和他那兩個兒子相較，那他總算得上是一名正人君子！」

聽完這位好鄰居的悼文，想必讓不少人拍案叫絕吧！不必口

是心非說假話，也不必昧著良心編謊話，卻仍能給亡者一個「肯定」安慰，的確絕頂聰明有智慧，同時也說出了「上樑不正下樑歪」的實情。

透過這簡單的悼文，我們明白了父母親身教言教的重要性，也學習到了說話的技巧，當脾氣或真實感受不能直接表示出來時，不妨轉個彎，或是借物比喻，這都是不錯的方式，好像下面這一則例子。

在飯店內，約瑟夫請服務生拿幾個瓷煙斗，不一會兒，服務生便拿了三個過來。

可是，當服務生將煙斗擺放到桌上之時，卻一個不小心把這幾個瓷製的煙斗全都碰倒在地上，轉眼，一個個精緻的煙斗全都破裂損壞了。

約瑟夫當場大罵：「這些煙斗肯定是用『十誡』做成的！」

「十誡？這怎麼說？」朋友不解的問。

「因為，它們就像十誡一樣非常容易被『打破』！」約瑟夫嘲諷地說。

從小地方觀察，我們不難看出一個人的成功失敗。十誡難守，瓷製精品易碎，同時也暗諷著老是破壞規矩的人，他們說十誡難遵行，精品難照顧，其實說穿了是他們做事不夠嚴謹，生活態度隨便所致。

如果我們不能妥善運用智慧，使自己成為生活的真正主人，那麼我們就會因而淪為生活的奴隸。

想要讓自己的生活留下美好回憶，那麼就要養成嚴謹的態度！

話要說得有智慧，總需要自己去學習去體驗，然後在生活之

中多用巧思應對，自然也能展現漂亮的機智反應。

除此之外，再從兩位主角的機智表現抽離出來，想想服務生的不謹慎動作，與惡人得不到人們的同情幫助，我們也能深刻明白處世態度的重要。

個人價值看似要到終點才能批評成果，但這價值總是點滴累積而來的，切莫因惡小而為之。

同樣的，工作態度稍有一點漫不經心，不小心打破其中一「誠」，很多時候我們將付出的代價超出了那三只瓷品的價值呀！

喜歡賣弄，小心惹來嘲諷

喜歡賣弄，小心惹來嘲諷！別老想賣弄學識嶄露頭角，學習不夠踏實，學問不夠紮實，那麼處世還是低調一些比較好。

皮哈正在一塊小小的田地上辛勤墾地，在他腳邊放了一大包想要種植的豌豆。只見他非常努力地揮舞著鋤頭，慢慢的，地上出現了一個很大很大的凹洞，就在他把準備動作完成之時，他的朋友正巧來探望他。

「皮哈？你在做什麼啊？」朋友看著皮哈剛剛挖掘出來的一個個又深又大的坑洞，不解地問他。

皮哈笑著回應：「要種豌豆啊！」

「種豌豆啊，那你是不是應該再做塊墓碑呢？」朋友笑著嘲弄他。

「為什麼要做墓碑？」皮哈不解的問。

朋友冷靜地回答：「喔，看你把這些豆子埋到那麼深的地下，它們不是理應得到一塊好的墓碑嗎？」

看見皮哈的舉動，想必不少人的感想和他的朋友一樣吧。只是笑歸笑，這其中還真有著很深的旨意，它正是告訴我們，做學問也要做得紮實，想有一番成就，不是靠蠻力揮鋤頭就夠，也不是有了種子就萬事俱備。

　　如果不懂種植技巧，也不懂得怎麼照顧，有再好的田地和再好的種子也難見豐收時候，這也難怪會惹來別人嘲諷了！

　　簡單來說，想表現聰明，要有真材實料才行，不然就會像下面這位老兄一樣自曝其短，落人笑柄。

　　圖書館內，一名醫學院學生向圖書管理員詢問：「請問，這裡有沒有最新出版的解剖學書刊呢？」

　　「什麼最新的解剖學？難道，這幾年人類的骨骼出現了什麼樣的新變化嗎？」圖書管理員似懂非懂地回應。

　　拜資訊科技的進步，知識越來越豐富多元，也越來越推陳出新，為了讓人們更了解自己，也為了讓人們更能把握未來，舊的知識被新的發現推翻是常有的事，而舊事物被新發明取代也早不是新鮮事。但很奇怪的是，在這個創新的年代裡，只有人們的觀念知識很容易出現停滯。

　　好像圖書館理員的可笑回應，又好像皮哈的好笑動作，其中表現的不是人們的單純天真，而是故作聰明的無知。

　　喜歡賣弄，小心惹來嘲諷！別老想賣弄學識嶄露頭角，學習不夠踏實，學問不夠紮實，那麼處世還是低調一些比較好。如果，真有實力上台，便可在台上大方表現聰明才智，讓人們相信我們真有獨當一面的本事，讓他們看見我們在充分發揮之後，所開創的獨步一時的輝煌成就。

多一分誠意，少一分對立

人的情感一旦出現了裂痕，便很難再密合，所以，我們常說冤家宜解不宜結，只要肯以誠意相待，終能等到對方卸下心結的時候。

有個男子點了一客牛排，這牛排肯定很美味，因為，不一會兒的工夫，鐵板上只剩最後一小塊牛肉了。

但是，就在他準備把最後一塊肉擺進嘴裡時，卻發現，在這塊牛肉的底下竟然有隻死蒼蠅。

「喂，你們這是怎麼搞的？」男子氣憤地對著服務生說。

只見服務生不慌不忙地低頭道歉，然後冷靜地說：「先生，恭禧您，您『中』了本餐廳再來一客牛排的大獎！」

讓人會心一笑的幽默回應，相信無論那男子氣再烈，多少也會被這句幽默的應答降低一些溫度吧！

想減少衝突，表現幽默的確是最佳的辦法，再者便是解決問題的誠意了，一如這位服務生的表現，沒有用任何藉口反駁，而是以一句幽默的話便讓人看見他們以客為尊的態度。

試想，客人們聽見他們坦承疏失，還如此關照客人的情緒，這時候怎麼忍心再與他們計較？

是的，為人處世必須時時關照別人的感受，而不是一味只想到自己，時間總有辦法化干戈為玉帛，那就好像布朗太太和蘇西

太太所遭遇的情況。

　　在布朗家的後院有個小菜園，那是布朗太太的秘密花園，每年春天時她都會在那裡頭種些蔬菜。

　　布朗太太非常用心經營這個小菜園，也經常跟孩子們說：「寶貝們，等到夏天的時候，我們就能吃到又新鮮又可口的蔬菜了，那是媽媽親手種的喔！」

　　菜苗一天一天長大，在布朗太太細心照顧下，園子裡的蔬菜長得十分漂亮，布朗太太也非常滿意的說：「太好了，再過幾天收成之後，大家就能吃到我親手種植的蔬菜了。」

　　沒想到就在她準備收成的那天，兒子忽然從屋外跑進廚房大嚷道：「媽咪，媽咪，您快來呀！蘇西太太的鴨子正在吃我們的菜啊！」

　　布朗太太一聽，連忙跑了出去，那情景卻讓她差點沒昏倒！

　　因為，菜園裡的菜統統被蘇西太太的鴨子吃光光了，這讓布朗太太傷心得哭了出來：「天哪！我的菜都沒了！」

　　蘇西太太聽見聲音也跑出來看，這才知道家裡的鴨子闖了大禍，感到非常內疚：「對不起，布朗太太，我真的沒想到會發生這樣的事，對不起！」

　　但是再多的對不起也無法挽回已經發生的事，看著自家的鴨子，蘇西太太也只能恨恨地瞪牠一眼。

　　從此以後，兩家人的情誼因為這隻不懂事的「鴨子」而變了調，直到耶誕節的前二天……

　　蘇西太太叫孩子送一份禮物給鄰居布朗太太，上頭還附了一張字條寫著：「請好好享用您的蔬菜吧！」

　　你猜，這份「禮物」是什麼？

是的，裡頭包了一隻非常肥美的熟鴨子，牠正是夏天時吃掉布朗太太一整園蔬菜的那隻鴨。

看完了故事，不知道帶給你多少思考啓發？

就蘇西太太來說，千金難買鄰居情誼，鴨子闖禍之後的日子，對她來說是很辛苦的，但是想道歉卻又找不到好時機，想賠償，即使當下殺了鴨子也很難消弭兩個人心中的疙瘩呀！

那該怎麼辦？

很簡單，等待一個好的時機，以幽默與智慧化解隔閡，布朗太太自然願意和蘇西太太握手言和。於是，蘇西太太選在西方人最重要的分享愛的節日，向蘇西太太致歉，也幽默地以一隻肥鴨來讓她知道：「我和妳一樣，也很用心的把『菜』照顧長大！」

這是可愛的蘇西太太的解決辦法，你是否也學到了其中的技巧？其實，人與人之間不是「應該」以和爲貴，而是每個人本來就「喜歡」與人和善相處，菜被吃光了還會再生長出來，但人的情感一旦出現了裂痕，便很難再密合。多一分誠意，便少一分對立，我們常說冤家宜解不宜結，只要肯以誠意相待，終能等到對方卸下心結的時候。

惡習必須改進，生活避免陷入困境

 壞習慣不改，生活時時都會陷入困境之中。看似簡單的生活問題，若是不想辦法解決，便有可能演變成了生活中的困擾。

男子坐在小房間裡對神父告解：「神父，我要懺悔，因為我經常從工地那兒偷走建築的材料。」

神父問：「你拿了多少？」

男子懊悔地說：「唉，很多。不只足夠給我妻子、兒子和兩個女兒各蓋一棟房子，還能在湖邊蓋個度假用的小木屋。」

神父嘆了口氣說：「真是罪孽深重啊！得想個能讓你贖罪的大苦行。請問，你曾建造過靜修所嗎？」

男子搖頭，回答說：「沒有！不過，如果神父您能把設計圖給我，我保證一定能夠搞到建材。」

這人真是內心愧疚有心贖罪，還是惡性不改，始終未思己過？

其實，我們都知道，生活態度一旦誤用，價值觀一旦誤植，壞習慣便會陷人於危機之中。於是，對於壞習慣我們總是一再叮嚀要即時改正，也一再要求自己早點修正，至於成功與否，就得看自己的決心了。

仔細想想，在我們的生活中是否出現了惡習，又是不是該想法子解決呢？

思考的同時，我們再看一個因「習慣」所帶來的麻煩。

有個樂師住在倫敦市中心的一間公寓裡，每天都到將近凌晨才回到住所。工作了一天，讓他非常疲倦，每每回到家裡，他都是往床沿一坐，然後便用力的將腳上的皮鞋踢掉。這動作看似沒什麼，但事實上那兩隻皮鞋在被踢掉的時候，因重力加速度，總是重重的落到地板上。

皮鞋落到地上的「咚、咚」兩聲在平時或許並不引人注意，但對居住在樂師樓下的人來說，卻有如驚天巨響，特別是皮鞋跟落地時，那聲音可是十分響亮的，樓下鄰居總要等到這兩聲響完之後，再喃喃說聲「謝天謝地」，然後才能好好睡覺。

有一天，樓下鄰居實在受不了每天半夜都要被這「咚、咚」聲驚醒，於是等到樂師回家後，便上樓向他訴苦：「能不能請你每天回來時動作輕一點？特別是皮鞋別再用丟的了，那聲音嚇得我快得心臟病了！」

樂師一聽，尷尬地頻頻道歉：「對不起，以後我會注意的。」樂師還非常誠懇地允諾，以後會輕輕的把鞋放在地毯上，絕不會再發出聲音吵醒他。

第二天，樂師一樣在凌晨快一點時萬分疲倦地回到房裡，一時間卻忘記昨天的承諾，照舊往床沿一坐，然後先脫下左腳的皮鞋，跟著便往地上一丟，「咚」的一聲又再響起。

「啊，糟了！」就在他正準備脫下第二隻皮鞋時，忽然想起昨天答應鄰居的話。於是，他小心翼翼地將右腳皮鞋脫下，然後輕輕地擺放到床邊的地毯上，這才倒頭呼呼睡去。

然而，過了大約一個鐘頭，忽然傳來一陣猛烈的敲門聲。

「天哪，這麼晚了，是誰啊？」樂師不悅地說。

門一打開，眼前出現的人卻是住在樓下的鄰居。他滿臉愁容站在門口，跟著竟是結結巴巴地懇求：「拜託您了，求求您了，快扔了另一隻皮鞋吧！我足足等了一個小時，還沒聽見你扔第二隻鞋的聲音，唉，你什麼時候才扔呢？那聲音不結束，我根本睡不著啊！」

看見樂師忽然想起了承諾，也及時修正了動作，相信讓不少人很是羨慕，畢竟在現代社會中，很少有人會在乎別人的感受，許多時候我們一再拜託請求，也不見得能到好的回應。

在羨慕的同時，我們也輕鬆笑看著樂師鄰居的「習慣」，等不到第二隻鞋掉落的聲音竟然讓他無法入睡。

生活其實就是這樣，一旦習慣成了自然，即使皮鞋落地的聲音很吵很讓人心煩，總還是生活的一部份，若是出現任何變化，很多時候連我們自己也沒有把握是否能面對。

「習慣」的可怕便像這樣，決心不夠的人常常想改也改不了。所以人們常說，錯誤的路一步也踏不得，因為一旦踏上了，多數人是難以回頭的。

或許，有人會認為習慣聽見鞋跟聲只是小事一件，但別忘了，有人的情況可是像那木匠師傅呀！

別以為只是小事就輕忽，也不要認為可以透過告解來彌補過錯，一再犯錯，壞習慣不改，生活時時都會陷入困境之中。好像樂師的鄰居，看似簡單的生活問題，若是不想辦法解決，便有可能積習成疾，讓那兩聲鞋跟不再是安穩睡眠的前奏，反成了一個習慣上難解的結，甚至演變成了生活中的困擾。

過度迷糊，人生難有出路

別再給自己「難得糊塗」的藉口，如果每個人都說自己是一時「糊塗」或天生迷糊，那不允許自己迷糊的人又該如何選擇同行的伙伴？

　　巴伯和華德正著急地拍打著林中小屋的門，巴伯還大聲喊著：「快來人開門啊！希望他沒事！」

　　巴伯正誠心祈禱時，門忽然打開了，屋主見兩位老朋友造訪，連忙親切招呼：「您們好啊！」

　　「太好了！」巴伯和華德齊聲呼喊。

　　「你們怎麼了？發生什麼事嗎？」屋主好奇地問道。

　　巴伯吐了一口氣說：「事情是這樣的，我們剛剛在林中發現了一具臉部被咬得面目全非的屍體，我們多害怕是你！」

　　「喔，那個人是什麼樣子的呢？」屋主好奇地問。

　　「他的身材跟你差不多。」華德回憶道。

　　「喔？那他是穿紅色的法蘭絨襯衫嗎？」屋主問。

　　巴伯說：「不，是深棕色的襯衫！」

　　只見屋主放心的說：「謝天謝地，那不是我。」

　　都說死者另有其人了，屋主還一再提問確認，最終還下了一個「還好不是我」的結論，真不知道是長居森林之中，難得看見朋友，所以想多聊一會兒，還是太少與人群接觸，所以思考、說

話都亂了套？

　　其實，真要是個迷糊的人也就算了，可是生活之中卻不是如此，許多人明明該清醒卻不願清醒，不該裝聰明時偏偏又好逞強鬥狠，好像下面這個例子。

　　有個酒鬼跌跌撞撞地走下樓來見客，朋友一看見他，便驚呼道：「天哪，你是怎麼了？怎麼兩個耳朵全都起泡啦！發生什麼事了？」

　　「唉，都是我太太啦！離開房間之時，竟然把加熱過後的熨斗放在電話旁邊，我哪知道電話會忽然響起，我就這麼錯把熨斗當成了話筒拿起來，然後重重壓在這耳朵上！」酒鬼哀怨地解釋道。

　　友人聽了搖了搖頭，卻又不住問道：「那另外那隻耳朵又是怎麼搞的？」

　　「說到這個就更氣人，沒想到那個混蛋後來又打了第二通！」酒鬼氣憤難平地怒斥那個朋友的不是。

　　人生沒有給我們太多機會出錯，一次還得不到教訓，兩次還是怪責別人的錯，卻始終不認為是自己的問題，遇上這一類人實在難讓人有任何期待呀！

　　職場上，我們不也常見這一類型的工作伙伴？

　　說他們「迷糊」其實是在幫他們找藉口，試想，如果每個人都說自己是一時「糊塗」或天生迷糊，那不允許自己迷糊的人又該如何選擇同行的伙伴？

　　真正的成功者，經常是那些勇於超越自己的人。

　　也許你沒有顯赫的家世背景，沒有令人羨慕的耀眼學歷，但

是，只要你願意挑戰自己，進而超越自己，改變迷迷糊糊的習性，照樣會有輝煌的成就。

別再給自己「難得糊塗」的藉口，不是所有情況都可以用迷糊裝傻這一招來應付。只要不把小迷糊培養成大迷糊，該謹慎的時候就凝神專注，逆境中自然能得到智慧的幫助，成就順境中的聰明處世之智！

坦然面對錯誤，人生腳步自然無誤

 面對錯誤並坦誠己過，比心藏愧疚來得自在快樂。只要勇敢承擔面對，不只能仰頭面向人生，更能讓每一步都走得充滿自信。

面對即將行刑的犯人，天主教神父很認真地為他做最後禱告，結束時，神父慈祥地對犯人說：「高興一點，今天晚上你就要和聖母瑪麗亞，以及基督門徒們共進晚餐了。」

犯人聽了，回說：「神父，今天是我的禁食日耶，不如您代替我去吧！我相信他們會很歡迎您，而我也會非常感激您的。」

在走到人生盡頭時候，還能如此冷靜幽默，相信這名犯人在最後一刻也明白了生之可貴了吧！

只是，跟著這安靜的氣氛反思，我們卻也發現，這一類人總是輕看小過，犯了大錯更是習慣推卸己過，總要等到錯已無可挽回的時候，才肯省悟自己的過錯。然而若是木已成舟，又要如何回頭彌補？

好像下面這則常見的事例，主角機巧逃避，似乎能逃避過關，但真發生在現實生活之中，我們該負起的責任，從來都躲不過的。

十字路口前，比爾一個不留神與另一輛車相撞，聽碰撞的聲音，捶擊的力道不小，這兩輛車應該撞得很嚴重，但沒想到比爾

的車竟毫髮無傷，對方車子的左側卻被撞出了一個大洞。

比爾下車察看後，先發聲說：「對不起，對不起，我真是太不小心了，這樣吧！你再打電話給我，然後修車費告訴我，我會負責這修車費的。」

說完，他匆匆上車，並立即發動準備離開。這時，被撞的司機連忙追問：「等等，你的電話號碼是？」

比爾匆匆探頭出來說：「喔，在電話簿裡啦！」

「什麼？那，那你叫什麼名字？」司機大聲問道。

只見比爾車子發動，然後頭也沒回地大聲說：「也在電話簿裡啦！」話一說完，比爾便迅速駛離現場，獨留受害司機不知所措留在事故現場。

比爾故意先下車來裝模作樣一番，然後虛假地表示負責的意願，同時也取得了受害者的信任，進而讓人卸下了心防。一連串動作，當然無比冷靜理性，可卻也萬分巧詐，轉眼匆匆逃離現場的他，也留給人們許多省思的空間。

對人該怎麼提防又是否可以相信，很難用三言兩語說盡，多數要經過長時間相處之後才能確定。再從前面兩篇故事中認真省思，要不犯錯或許不易，但是要擔起責任其實一點也不難，事故發生之後，誠意溝通面對，相信多數人還是能接受體諒的，但若是一味逃避閃躲，最終還是被人們抓住，此時他們的態度肯定不會太和善，畢竟，其間累積的情緒可不是一時便能安撫下來的。

簡單來說，面對錯誤並坦誠己過，永遠比心藏愧疚來得自在快樂。每個人都有難免犯錯，只要勇於承認錯誤，也勇敢承擔面對，我們不只能仰頭面向人生，更能讓生活的每一步都走得充滿自信而不遲疑。

學會聆聽，尊重不同的聲音

 人跟人之間本來就有許多溝通意見的時候，學會尊重別人的說法，才能在起爭執時，及時緩和情緒，然後攜手共創夢想的和諧世界。

支持素食的人說：「我是個素食主義者，我認為宰殺動物是非常野蠻的行為，所有肉食主義者根本都是野蠻人。」

肉食主義者則頗不以為然地說：「是嗎？那你不覺得你們也很殘忍嗎？仔細想想，吃素的人不是都在跟動物們搶奪食物嗎？」

到底吃素好，還是懂得享受人間美食才正確，向來都是公說公有理、婆說婆有理的爭論，其實像這類爭執的起因只有一個，那便是說話的人只站在自己的角度思考，不會站到別人的角度去看事情。

正是因為這樣的「對立」，以致於讓人們越鬥越偏激，完全走不到能有共識交集的時候。

想想，兩個人爭得面紅耳赤，真能覺得有快感的人恐怕不多吧！又何必非得要對方接受並照著自己的意思走呢？

無論如何，我們要能聰明聽話，也要能機智解題，只要本意是好的，都是好的對話，一如下面這兩位大師的對話。

　　前蘇聯的斯坦尼斯拉夫斯基和德國的布萊希特，是當代著名的實力派表演者，雖然名氣不相上下，但兩個人卻有著差異極大的戲劇觀和表演特色。

　　據傳，義大利有個專演反派人物的著名演員，曾在莎士比亞的名劇《奧賽羅》裡扮演一個大壞蛋，由於演技逼真到了極點，有一位觀眾因太過入戲，竟當場舉槍將這名演員槍殺在舞台上。

　　這名演員的戲迷不少，人們為了悼念這位演員，特地集資幫他建造了一座非常華麗的墳墓。

　　有一天，斯坦尼斯拉夫斯基來到這座城市訪問，當他來到這個演員的墓地悼念時，還為死者另豎了一塊碑，上面刻著：「某某某，世上最好演員之墓。」

　　過了幾年，大師布萊希特也到此一遊，聽完人們解釋墓中死者致死的原因後，卻認為該名演員不是個好演員！

　　「因為，他沒有藉由表演來批判那個角色，反而讓觀眾們著了迷，失了理智，這怎麼是個好演員呢？」布萊希特說。

　　之後，他也在斯坦尼斯拉夫基的碑旁另立了一個碑，上面則這麼刻寫：「某某某，世界最差演員之墓。」

　　這便是兩大戲劇名人在現實生活中最真實的「對台戲」！

　　兩位大師的立碑因為切入的角度不同，也因為對工作的態度不同，所以我們會看兩種不同的評語。其中，並沒有對錯之分，有的只是不同人在處世態度上的不同罷了。

　　我們也許可以從他們兩人立的碑來判斷，斯坦尼斯拉夫斯基應是個樂觀開朗的人，在觀看所有人事物的時候，總習慣以「正面」的角度去思考，所以願意給這名無辜犧牲的演員一個肯定。

　　至於希萊希特，想必是個極其嚴肅的人，考慮事情總是帶點

鑽牛角尖的態度，所以會覺得這演員若能聰明表現，便不至於無辜喪命。

其實，無論是好聽的讚美詞，還是難聽的責備話，兩個人立碑的動作，都同樣表現了對該名演員的惋惜！

換個角度說，不要老把不同的意見視為必然的「對立」，甚至相信「爭執」必因此而起。人跟人之間本來就有許多溝通意見的時候，多一點不同想法分享，並學會尊重別人的說法，才能在起爭執時，及時緩和情緒，也聰明退讓一步，懂得互相以尊重為基礎，然後攜手共創夢想的和諧世界。

多一點正面思考，便少一分煩惱

無謂的煩惱擔心是沒必要的，把問題越想越複雜，把麻煩越想越大，最終反讓自己生活在苦悶悲慘的氛圍中。

凡事都深思熟慮的羅森克拉茨先生，決定早一點準備好人生後事。

這天，他來到墓地管理局詢問：「您好，我想買一塊家族共用的墓地，不知道目前價格如何？」

「嗯，最便宜的家族墓地大約要一千美元。」管理墓地的人說。

「什麼？這麼一塊小地皮要一千美元？」羅森克拉茨先生大呼太貴了。

管理員微笑著說：「我知道這價錢不低，不過，您不妨好好考慮一下，因為這塊墓地的利用價值很高，它的好處肯定能讓您感到滿意！」

「好處？什麼好處？」羅森克拉茨先生反問。

管理員依然帶著微笑說：「好處很多啊！您想想，當大家來到上帝決定命運的那一天，一有任何事故，這塊地不是正好派上用場？如果您的雙親搭乘飛機出了意外，您不就正巧需要這塊墓地？或者，您的兒子開車外出時發生車禍，這時您該怎麼辦？最後不是也只能來到這裡？又好像您的女兒搭車若是出了事，您不

也可以把她埋葬在這兒？再想遠一點，您的孫子或孫女若是不幸死了⋯⋯」

　　管理員越說越離譜，羅森克拉茨先生則越聽越悲哀，最後居然還流下眼淚。

　　「的確，這真是太便宜了！好，我買！」羅森克拉茨先生最後決定買下那塊讓他家人深陷「可能意外」的墓地。

　　看著羅森克拉茨先生低落的情緒，想必有不少人開始讚嘆管理員的三寸不爛之舌。

　　這當然是商人厲害的地方，他們說得口沫橫飛，甚至口水噴了人滿臉，還能引人舔一口說：「很甜！」

　　可是就羅森克拉茨來說，這卻是很不聰明的表現，與其相信行銷人員的「誇張預言」，不如正向思考「未來」是否真的需要，那才具有實質意義，畢竟墓地是需要的，但無謂的煩惱擔心卻是沒必要的，不是嗎？

　　然而，生活之中總有些像這樣的人，習慣把問題越想越複雜，把麻煩越想越大，最終反讓自己生活在苦悶悲慘的氛圍中，一如羅森克拉茨。

　　不知道的事不必多慮，沒必要知道的事也不必探詢，好像下面這個小男孩天真提出的反思。

　　牧師哄著小男孩：「孩子，你能告訴我上帝在哪裡嗎？只要你能說出來，我就給你兩塊錢作為獎勵。」

　　沒想到，小男孩卻說：「牧師，如果你能告訴我上帝絕對不會在什麼地方出現，那我給你四塊錢，怎麼樣？」

　　知道上帝在哪裡有何用？與其知道上帝會在何方，不如不知道祂會在哪裡出現，如此一來，我們才不會一味祈求上帝伸出援手，也才知道生命本身的價值和應走的方向。

　　小男孩寧願選擇「上帝不會出現」的資訊，也不要知道上帝在何方，正也表現了孩子世界的簡單需要，能有一個自由自在的生活，能得一個無拘無束的心靈，才是生命的意義。

　　那你呢？是寧願苦思煩惱「死後」之事，還是樂於放開一切，樂天知命，學會好好享受「生」的時刻？

PART 7

想改變壞習慣，
先改變壞思想

想要改變一個人的壞習慣，
就要先改變他的壞思想。
想要改變一個人的思想，
就要先站在他的立場多替他想一想。

能因時制宜，才能得到勝利

做人正直可以讓你好心有好報，但是做人老實、不知變通，一定會讓你吃大虧，讓你不管付出多少努力都沒有用。

　　做人要帶有一些適度的機巧，善於察言觀色，下決定之前更要懂得先搞清楚問題的關鍵點，才能因時制宜，以最省力的方式達到成功。

　　千萬不要自滿於做個老實人，想在現代社會生存，應該要把身段放軟、眼睛放亮。時時刻刻提醒自己：小心駛得萬年船，機靈更能讓你不暈船。

　　一位富商正在接見應徵財務長的申請人。

　　他問一號應徵者：「兩百萬加兩百萬等於多少？」

　　一號應徵者毫不猶豫地回答：「四百萬。」

　　結果他並沒有獲得這份工作。

　　二號應徵者被問到同樣一個問題，也是回答：「四百萬。」

　　結果，他也同樣沒有得到這份工作。

　　當問到三號應徵者的時候，他立刻站起來，把門關上，並且把窗簾拉緊，然後在富商耳邊小聲地問道：「你想要讓它等於多少？」

　　想當然耳，他被錄用了！

如果你是一號應徵者和二號應徵者，一定會感到非常忿忿不平，為什麼這個世界上老實的人總是沒有好報，巧言令色的人卻經常可以出人頭地？

那是因為，巧言令色的人特別精於察言觀色，能夠找出問題的關鍵點，因此也特別知道要怎麼迎合別人的心意、討別人的歡心。

很多人都認為「老實」是優點，但是從另外一方面來，老實的人通常比較不願意放低身段，心思又直又硬，經常只站在自己的立場想事情，做事只靠一種方法，所以他們不擅長猜測別人的心意，不會因時制宜、見風轉舵。

從某個角度來看，老實人除了「沒有壞心眼」這項優點之外，簡直可以說是一無是處，難怪他們總是扮演輸家的角色！

做人正直可以讓你好心有好報，但是做人老實、不知變通，一定會讓你吃大虧，讓你不管付出多少努力都沒有用。

找出不足之處，努力才有效果

應該在努力的過程中，不斷調整自己的步伐，先搞清楚問題出在哪裡之後，再針對不足的地方全力改變，才能達到最好的效果。

許多人做事只知道埋頭苦幹，不曾看看別人再想想自己，以為自己的所作所為都是完美無缺的。

如果你認為自己的事情的確做得很好，那麼請先搞清楚狀況，再沾沾自喜也不遲，以免讓自己陷入尷尬的局面。

社區裡，有一位非常盡忠職守的傳道牧師，他和社區裡的巴士司機在同一天去世，但是兩人死後，巴士司機上了天堂，傳道牧師卻下了地獄。

牧師很氣憤地跑去找上帝理論說：「上帝啊，您真不公平，為什麼我生前那麼忠心地為您佈道和傳教，死後卻下了地獄？那位巴士司機開車橫衝直撞，出了名的不守交通規則，但是他死了卻可以上天堂，這是什麼道理呢？難道您

都沒有仔細觀察嗎？」

「有啊，我觀察得很仔細啊，」上帝不慌不忙地說：「我看見每次你在傳教和佈道的時候，台下的教友全都睡得跟豬一樣，但是巴士司機每次載著教友時，全車的教友都很虔誠地祈禱著，所以……」

你是不是也像這位牧師一樣，總是只看到自己的優點，覺得自己已經做得很好，卻因此而阻礙了自己的進步？

的確，凡事只要盡力去做，就已經可以算是最好。

但是，光是努力還不夠，努力也是要講求方法的。除了苦幹實幹、一頭栽入之外，我們也應該要隨時反觀自省，檢討自己努力的成效，尋求更多的管道，讓自己流下的每一滴汗水都能確實地開花結果，不至於浪費。

不要等到看到別人輝煌的成就時，才自怨自艾地說：「我比他努力，為什麼我得到的結果卻沒有人家好？」

答案其實很明顯，因為你用的方法沒有人家好。

因此，我們應該在努力的過程中，不斷調整自己的步伐，參考別人的成功經驗，不要因為一時的小小成就而自滿。先搞清楚自己的問題出在哪裡之後，再針對不足的地方全力改變，才能達到最好的效果。

找出原因，才能付出真正的關心

要想關心一個人，不能只提供我們自以為是的溫暖，更要花功夫深入瞭解對方，顧念他的每一種需求，才能算是真的愛他。

大多數的人其實都不吝於付出自己的善意，也很樂意表達對他人的關心，但是，付出溫情之餘，我們往往忽視很重要的一點，那就是找出對方需要關懷的真正原因。

不了解真正原因，只憑自己的臆測便胡亂付出關心，根本無法達到安慰的效果，只是白費力氣而已。

有一天，小明的弟弟出生以後，每天都哭個不停。

小明的幼稚園同學來小明家玩，領教了小明弟弟的哭功以後，關心地問：「為什麼你弟弟總是整天哭個不停呢？」

小明回答：「這有什麼奇怪的？要是你沒有牙齒，沒有頭髮，又不會走路，不會講話，連大小便都要人家幫忙，你也會整天哭個不停

的！」

當我們看到別人哭泣的時候，不要馬上就想辦法讓他不哭，而要先想一想：「他為什麼要哭？」

多了這一個小小的步驟，你就可以成為一個更體貼的人。

很多人都知道要同情那些比自己軟弱的人，但是未必知道要怎麼去幫助他們。唯有將心比心，站在別人的立場著想，才能真正看見對方的需求，並且提供有效的幫助。

弱者要的，其實不是同情，而是同理。

比如說，遇到窮困的人，很多人第一個想到的就是給予金錢上的援助。然而，長期來說，這是治標不治本的方法，真的想要幫助他徹底脫離窮困，就必須先找出他窮困的原因，提供正確的建議，才是真的為他好。

要想關心一個人，不能只提供我們自以為是的溫馨、溫暖，更要花功夫深入瞭解對方，顧念他的每一種需求，才能算是真的愛他。

想改變壞習慣，先改變壞思想

想要改變一個人的壞習慣，就要先改變他的壞思想。想要改變一個人的思想，就要先站在他的立場多替他想一想。

在一般人眼中，「乾杯」是一種既豪氣又大器的行為，但若一個人必須要藉著「乾杯」才能表現出自己的豪氣以及大器，其實正說明了這個人內心的空虛與恐懼。

一個真正快樂、健康、有自信的人，根本不需要依賴酒精。

有個士兵喝醉酒，醉醺醺地回到營房，值班的中尉見狀，把他叫去訓話。

中尉向他一一指出喝酒的種種害處，勸他戒掉這個壞習慣，最後，還鼓勵他說：「你想想看，假如你不喝酒的話，說不定現在已當上士官長了，難道你不喜歡升職嗎？」

「升職？我當然喜歡！」那個士兵認真地回答說：「說實在的，我一杯酒下肚後，就覺得自己已經當上將軍了。」

為什麼那名士兵一杯酒下肚後，就覺得自己已經當了將軍？

這恰恰證明了，他根本不敢奢望自己在現實生活中，也同樣能當上將軍。

雖然酗酒傷害的是一個人的身體，卻會影響身邊其他人的生活，尤其是酒鬼的家人們更是深受其害。

與其用盡時間與精力苦苦勸他、求他、威脅他不要喝酒，不如從根部著手，搞清楚問題的本源，找出他心中真正的恐懼與軟弱，陪著他一起面對問題，不要再讓他藉由酒精逃避現實。

「愛喝酒」的行為只是問題的表象，真正的問題其實潛伏在心靈深處。

想要改變一個人的壞習慣，就要先改變他的壞思想。想要改變一個人的思想，就要先站在他的立場多替他想一想。

過度憂慮，有害無益

長期活在憂慮裡，整天為一些自己不能掌控的事情擔心，反而有害而無益，不如放鬆心情，讓事情順其自然地發展。

有位名人曾說：「我所擔心的事情，最後百分之九十九都沒有發生。」

憂慮是我們經常做的事情，但是如果憂慮對事情的發展一點幫助也沒有，又為什麼要憂慮呢？

一天，媳婦和婆婆一起在家看電視。

她們一同觀賞HBO頻道的西片，看著看著，一段男女在臥室裡做愛的露骨鏡頭出現在螢光幕上。

媳婦不禁感到非常難為情，心想，婆婆那個年代的人，一定很不習慣看到這樣子的畫面，說不定還會覺得現代的男女真不知羞恥，看這種影片的人一定也是心術不正。

她應該要拿起遙控器轉台，還是

起身假裝去上廁所呢？就在媳婦感到不知所措之際，突然間感到一隻手在拍著她的手。

「喂，妳看！」她的婆婆眼睛盯著電視，口裡讚嘆地說：「多好看的被單啊，真想知道是在哪兒買的。」

類似這樣的事件經常在我們生活周遭上演。我們總是擔心著別人會怎麼看，別人會怎麼想，擔心別人若是這樣這樣了以後，自己又應該怎樣怎樣。

雖然有時候我們展現了先見之明，早一步阻止了悲劇發生，但是大多時候，我們根本沒有辦法預估事情的發展，而且，就算悲劇真的如我們所預料的發生了，也仍然什麼都不能做。那麼，擔心有用嗎？

憂慮有時候是謹慎的表現，可以為我們省卻許多麻煩，但是長期活在憂慮裡，整天為一些自己不能掌控的事情擔心，反而有害而無益了。

當你陷入憂慮的情緒時，不妨先問問自己：「這麼憂慮，對事情到底有沒有幫助？」

如果你坐在那裡憂愁煩惱就能解決問題，那麼殺死幾百萬個快樂細胞也是一件划算的事，但若不然，又何必把自己的情緒繃得那麼緊，這樣不是在浪費自己的力氣嗎？

不如放鬆心情，讓事情順其自然地發展，就會發現，你擔心的事情，最後百分之九十九都沒有發生。就算真的發生了，到時候再來擔心也不遲。

不要花力氣多做解釋

想要擁有自在的生活，就要堅持自己生活的原則，並且讓別人知道你的原則，才不會總是花一堆力氣多做無意義的解釋。

為了保持良好的人際關係，許多人常勉強自己做些一點也不想做的事，如果真的無法做到，也會想辦法找藉口拒絕。

很少有人能夠光明正大、理直氣壯地謝絕不合理的要求。

一天早上，門外傳來了敲門聲，傑克小聲地對妻子說：「我

敢打賭，一定是彼得那傢伙又來跟我們家借東西了，有一半以上的東西，他都借過。」

「就是說啊，親愛的。」傑克的太太也忿忿不平地說：「可是，你為什麼每次都要讓步呢？就不能找個藉口拒絕嗎？這樣就

算他有那個臉開口，也什麼都借不走。」

「對啊！我找個藉口拒絕他，不就好了嗎？」傑克一邊說一邊走到門口，去替他們的壞鄰居開門。

果真，一開門，彼得那個虛偽的笑容就出現在眼前，「早安！非常抱歉來打擾您。請問您今天下午要用鋤草機嗎？」

「真不巧，」傑克流利地說謊，「我和我的妻子早就已經約定好了，我們今天下午要一起鋤草，而且我們打算一整個下午都用來鋤草。」

「哇，這真是太好了，我猜得一點也不錯！」彼得露出討厭的笑容說，「那麼，您一定沒時間打高爾夫球了，把您的高爾夫球桿借給我，我用完就還，我想您應該不介意吧！」

很多人都認爲自己「不擅拒絕」，但又做不到不拒絕，因此，在拒絕別人之前，一定要先找個藉口合理化自己的行爲，這豈不是太不合理了嗎？

提出要求的那個人不覺得不好意思，反倒是被要求的人覺得自己應該要低著頭拒絕，爲什麼不能大大方方地說「不」呢？我們明明就有權利這麼做！

有的時候，說「是」就「是」，說「不」就「不」，不需要找太多藉口和理由。你有你的想法，沒有必要對人解釋，只要你的語氣溫和，臉上掛著笑容，和諧的氣氛並不會因爲你的拒絕而遭到破壞。

也有一些人擔心，要是自己直接說「不」，恐怕會得罪對方，會讓別人認爲他是個自私小氣的人。

這種擔心也是多餘的。你在別人心目中的形象，不會因爲你直接說了幾次「不」，沒有附帶一大堆藉口就受到影響。

　　如果別人認為你是個自私的人，那是因為你平時就處處表現出自私的行為。如果你平常為人溫和有禮，懂得關心別人、樂意與人分享，別人又怎麼會因為你一兩次直接了當的拒絕而因此斷定你的人格呢？

　　想要擁有自在的生活，就要堅持自己生活的原則，並且讓別人知道你的原則，才不會總是花一堆力氣多做無意義的解釋。

　　真正的朋友，一定會尊重你的選擇。至於那些不尊重你的人，又何必因為拒絕他們而感到不好意思呢？大方拒絕他們，總比老是編造藉口來得好。

快樂，是自己的選擇

 你擁有的每一樣東西，都有可能會失去。唯有快樂這樣東西，只要你不願意失去，就不會失去，快樂與否，掌握在自己的手中。

走到生命的絕境時，有些人會想到「死」，有的人只是單純想以死亡來逃避現實，有的人卻會想到：反正人終究是會死的，為什麼不把握活著的時候，讓日子過得快樂一點呢？

有位教師退休以後，搬離了市區，來到郊外居住。

從前的同事去探望他，驚覺他家別墅的前後，密密麻麻地排滿了墳墓，真可謂擠得「水洩不通」。

同事有感而發地說：「眼睛每天看見的都是這些東西，心情肯定不快樂。」

但是，退休教師卻笑了笑，回答道：「不，每天都看這些

東西，就使人不敢不快樂！」

　　知道人生一定會有盡頭，就使人不敢不快樂。

　　亞歷山大大帝死前，曾要求人們把他埋在土裡，露出兩隻手。他瀟灑地笑著說：「我要讓人們看看，我生前擁有了這麼多，死後卻兩手空空，一點東西也沒有帶走。」

　　按照這樣的想法，人生還計較些什麼呢？又有什麼事情值得憂慮呢？

　　錢財、愛情、事業、孩子……，對現在的我們來說或許很重要，但是從生命的長河來看，那些都不是最重要的。

　　你擁有的每一樣東西，都有可能會失去。唯有快樂這樣東西，只要你不願意失去，就不會失去，因為，快樂與否，掌握在自己的手中。

　　很多人之所以不快樂，是因為他們把自己的快樂和自己所擁有的東西綁在一起。他們認為，有了錢財，才會快樂；有了成就，才會快樂；有了孩子，才會快樂……，但是這都不是真的。

　　快樂不需要理由，也不需要原因，沒有什麼東西、什麼人能夠讓你快樂，只有你自己的想法能夠為你帶來快樂。

　　憂慮時、煩惱時、失意時、絕望時，不妨這麼想：有一天，我終會死去，所以，憂慮會過去，煩惱會過去，失意會過去，絕望會過去，但是，只要選擇快樂，快樂就一定會重新回到我的身邊。

衡量得失，以免因小失大

 只有當你夠愛自己的時候，才能夠運用理智在得與失之間做判斷，不至於因小失大，也才能夠避免遺失自己心中寶貝的帽子。

越有智慧的人，越懂得自己要什麼、不要什麼，哪些事該做，哪些事不該做，所以在關鍵時刻能做正確的選擇。相反的，越愚蠢的人，越搞不清楚事情的本質，經常幹出捨本逐末，讓人啼笑皆非的蠢事。

許多人為了得到某樣東西，總是奮不顧身，不計一切後果，但是不知權衡利弊得失的結果，卻往往使自己陷入更悲慘的局面。

一名病人坐在醫生面前，凍得渾身哆嗦。

醫生說：「只不過是為了撈回帽子，你就在這麼冷的天氣裡跳到冰冷的江水中嗎？要知道，你會凍死的。」

病人無辜地替自己辯解：「我知道啊，可是我非得撈回我的帽子不可。這麼冷的天氣，如果不戴帽子走路，我會感冒的。」

　　為了撿帽子而跳河，很多人都會覺得這是瘋子的行徑。

　　我們的周遭，雖然沒有人為了撿帽子而跳河，但是卻有很多人每天都在為了自己心中的帽子而奮戰，付出沉重的代價仍不惜一切。

　　有的人為了錢財，可以鋌而走險，埋沒良知，跳入冰冷的江水中，只因為他們相信，沒有錢，他們會過得不好。

　　有的人為了孩子，可以犧牲老本，什麼事情都願意做，因為他們相信，沒有孩子，他們會活不下去。

　　每一樣我們認為不可或缺的東西，就是我們心中的帽子。

　　我們覺得少了它，日子一定很難過，但是卻忘了，不弄清楚狀況，只是傻傻地用盡一切力量去追求它，反而在不知不覺中失去了更多。

　　在愛人或是愛物之前，我們都應該要更愛自己。

　　只有當你夠愛自己的時候，才能夠運用理智在得與失之間做判斷，不至於因小失大，也才能夠避免遺失自己心中寶貝的帽子。

信任自己，勝過打擊自己

 不妨效法「後知後覺」的精神，多信任自己一點，遠勝過白費力氣打擊自己。想要拒絕壞心情，就必須先拒絕壞念頭。

你是否是個凡事追根究柢的人，總是用盡一切力氣，只是為了得出無法改變結果的答案？

如果事實已經造成，別急著呼天搶地，也不用大放馬後砲，偶爾「搞不清楚狀況」，或許會使人生更快樂。

有位男子駕車帶著剛交往的女朋友上街兜風。為了表現男子氣概與精湛的駕車技術，他將車速加快到時速一百公里。

一不小心，車子撞上了路邊的一棵大樹，車身都被撞凹了。還好，車上的兩個人都毫髮無傷。

男子回過神來，立刻摟住身邊的女朋友，安慰她不要害怕。

沒想到女朋友絲毫沒有流露出恐懼的

神色，反而還微笑著倒在他懷裡，嬌羞地說：「你幹嘛要冒這種風險呢？其實，只要你假裝汽油用完，車子開不動了，必須停在路邊，我也會讓你抱我的。」

換作妳是這名冒失男的女朋友，又會做何反應呢？

「連開個車都開不好，幸好我沒受傷，要是我受傷了，你要怎麼對我爸媽交代？」這是烏鴉嘴型的女朋友。

「告訴你多少次了，你怎麼不小心一點呢？你看，車子都毀了，又要花一大筆錢了！就是因為你的一個不小心，才會造成這麼嚴重的損失！」這是馬後砲型的女朋友。

「哎喲，幸好沒發生什麼事！真是謝天謝地，車子毀了就算了，人沒事就好。」這是自我安慰型的女朋友。

但是，故事中的那名女朋友更絕，她渾然不知道發生了什麼事，還以為男朋友故意用這招來製造機會，所謂的「傻人有傻福」就是這樣子。

憑藉著她對男朋友的信任，可以毫不猶豫地把發生在眼前的壞事想成是男朋友的美意，只要這麼一想，所有的壞事就對她毫無影響！

有時候，不妨效法這種「後知後覺」的精神，多信任自己一點，勝過白費力氣，打擊自己。

每當壞事發生的時候，你可以告訴自己，那是你在為自己製造另外一個機會。當事情的發展不如預期時，也可以告訴自己，你有能力承受各種可能的演變與打擊，你對自己有十足的信心。

想要拒絕壞心情，就必須先拒絕壞念頭。

當你相信自己有足夠的能力去面對生命中每一件可能會發生的不幸時，就會發現，你的生命中再也沒有任何過不了的難關了！

不貪圖平白無故的好處

 不貪圖不義之財、不佔人便宜，不單單只是為了表現出自己高尚的品格，更重要的，是為了要表現出我們對自己的自信與肯定。

人的劣根性之一，就是無法抗拒「便宜」。現代人普遍認為，只要不偷不搶，有天上掉下來的好處當然「不拿白不拿」。

但是，貪圖這些平白無故的好處時，也應該想到，我們很可能正把自己的快樂建立在別人的痛苦上。

有一天，小明和小華兩個人在聊天。

小明驕傲地說：「我家的狗實在是太聰明了，每天早上，牠都會銜當天的報紙來給我。」

小華聽了，不以為然地回答：「這有什麼了不起的？這種平常事很多人家的狗都會這樣。」

小明聳聳肩回答說：「可是，我們家沒訂報紙啊！」

對於平白無故得來的好處，你通常會怎麼對待它呢？

是笑嘻嘻地說：「這是天上掉下來的禮物。」然後滿足地把它放進自己的口袋？還是陷入天人交戰，不知道該不該去做那正確但愚蠢的決定？

抑或，你會想到那個平白無故失去了好處的人，擔心你撿到的錢會不會是對方的救命錢？你家小狗叼來的報紙，人家或許正急著看？

這究竟是天上掉下來的禮物，還是老天對你的考驗呢？

不貪圖不義之財，不佔人便宜，不單單只是爲了表現出自己高尚、聖潔的品格，更重要的，是爲了要表現出我們對自己的自信與肯定。

只要我們相信，憑著自己的力量，有朝一日，也一定可以爲自己賺得同等級的利益，那麼，又何必貪圖眼前的這些便宜呢？

拿了自己不應得的東西，表面上是「賺到了」，實際上卻是賠了面子又減損了自己的人格，仔細想想，還真是得不償失啊！

PART 8

找出問題，
才不會白白努力

不管你的學識有多高，

如果不能把事情辦好，

再怎麼能幹也沒有用。

弄不懂狀況，不論付出再多的努力，

都是徒勞無功。

攻擊，不見得能解決問題

當你受傷的時候，雖然是別人對不起你，但是也未必一定要爭回一個公道。有時候吃一點虧，反而能為自己贏得無價的好名聲。

不管是情人還是朋友，是上司還是客戶，其中一方的離開，一定會對另外一方造成傷害。

一般人對於傷害自己的人，必然很想給他重重的一擊，以為唯有這樣才能減緩自己的不甘心，挽回自己的自尊心。但是，這樣會比較好嗎？

有一個在前線打仗的士兵，某天收到家鄉的女友寄來的分手信，信上說她即將要和一位富有的商人結婚，請這位士兵把以前送他的照片寄還給她。

士兵又氣憤又悲傷，左思右想，想出了一個絕佳的報復方式。

他從同袍那裡借來二、三十張女人的照片，連同他女友的照片一併裝進一只信封裡，寄

給忘恩負義的前女友。

　　信裡附帶著一張紙條：「請妳挑出自己的照片。因為我實在搞不清楚妳是哪一位了，其餘的務必寄還給我。」

　　相信這名士兵的前女友收到回信時，一定會氣得跳腳。士兵達到報復的目的了，但是那又如何呢？

　　與其在對方心目中做個花心的爛情人，試圖挽回被甩的自尊，不如在對方心目中保留深情的形象，讓他對你愧疚一輩子。

　　即使你們的感情再也沒有後續發展的餘地了，你也會在對方的心裡留下好口碑，這是比你微薄的自尊心更有價值的東西，不是嗎？

　　當你受傷的時候，雖然是別人的錯，是別人對不起你，但是也未必一定要斤斤計較，硬要爭回一個公道。

　　有時候，吃一點虧，反而能為自己贏得一個無價的好名聲，以及許多有利的同情分。

能夠付出，就能簡單得到幸福

當你把擁有的東西分給別人時，不只是對方會感謝你，你的心裡也同樣會盈滿感激之情，會謝謝每個幫助過你的人。

雖然大家都說「施比受更富有」，但是社會功利主義也經常左右我們的思想：「我幫助別人能得到了什麼？為什麼付出的是我而不是別人？」

現代社會有許多人對別人漠不關心，表面上，他們是為了保護自己，守住自己的利益，但諷刺的是，這樣的人即使擁有了再多，卻仍然還想要更多，他們其實是活在一個空虛與不滿足的世界裡。

一個慈善機構的義工前去拜訪一個出了名為富不仁的富翁。

勸募的義工說道：「根據我們的記錄，雖然你家財萬貫，但卻連一分錢都沒捐過，我們很想聽聽你的說法。」

富翁臉不紅氣不喘地說：「你們的記錄上說我沒有捐過錢，那麼你們有沒有記錄我早年喪父、母親生活困頓？你們有沒有記錄我有個智障弟弟，身患殘疾、沒有工作能力？你們有沒有記錄我姐姐死了丈夫，隻身一人帶著四個孩子，又找不到工作，入不敷出？」

義工聽了，感到非常不好意思，連忙道歉說：「對不起，我

們不知道這些。我想，您的經濟負擔一定很大，對於您的不幸，我深表同情。」

富翁不屑地冷笑了一聲，說道：「誰稀罕你的同情？我的意思是說，連他們我都不給，為什麼要給你呢？」

「我為什麼要給你呢？」是許多人明明有能力卻不願意施捨的藉口。

言下之意，是說：「我的財富、我的成就、我所擁有的一切，都是靠我自己努力得來的，你自己不努力賺錢，不努力生活，還想要我給你錢，我為什麼要給你呢？」

這是許多人普遍的驕傲心態，認為自己擁有的東西，都是靠「我」自己得來的。然而，如果不是老天爺給予你這樣的家庭、這樣的教育機會，給予你這樣的個性、這樣的聰明才智，又怎麼可能會有今天呢？你怎麼不問問老天爺：「您為什麼要給我，而不是給別人呢？」

一個人擁有越多，就必須分給別人越多。

對於那些有機會卻不肯努力的人，我們當然不需要浪費自己的同情心，但是，這世界上有好多人出生在貧苦的地方，沒有受教育的機會，也沒有賺錢的機會，我們理所當然應該要幫助他們，

因為，我們比他們幸運，得到了更多的福分。

或許你會問：「幫助別人，我又能得到什麼樣的回報呢？」

當你把擁有的東西分給別人時，不只對方會感謝你，你的心裡也同樣會盈滿感激之情，你會謝天謝地，謝謝每個幫助過你的人，因為他們，你才能成為一個有能力施予的人。

只要弄清楚這一點，不必花費多大的精力，不必用掉多少金錢，你就能感受到自己的幸福。

這一刻的體悟，就已經是最好的回報。

沉默只會帶來更多問題

 如果想要製造對方心裡的緊張與焦慮，不需要用盡心思虛張聲勢，也不需要耗盡力氣拐彎抹角，只要保持沉默就可以了。

在人際溝通上，「沉默」是一種最具殺傷力的武器。

廣播節目中，十秒鐘的沉默已經足以令聽眾轉台，現實生活中，那些不叫的狗才是最讓人害怕的。

一天，醫學院主任帶著一批學生到醫院裡進行臨床實習。

來到一個輕微肺積水的病患房前，主任小聲地向大家宣佈：「待會進去，大家分別試著診斷一下這個患者的病情，按照你們的經驗和知識，診斷看他得到的是什麼病？知道的，就點點頭，不知道的，就搖搖頭，什麼話都不要說，以免影響到其他人的答案。」

說完，大夥兒一個個輪番進去看診。

甲學生在病人的身上摸

了摸，咬著筆桿想了想，然後無奈地搖了搖頭，表示回答不出來。

接著，乙學生也來到病人面前，看來看去，還是看不出個所以然，他用乞憐的眼光看著主任，莫可奈何地嘆了一口氣，搖了搖頭。

丙學生進來以後，也是一樣看了看病人，聳聳肩，就搖搖頭走了。

當丁學生走進病房，什麼都還沒有開始做時，病人就已經扯掉插在身上的管子，衝下床來，跪在地上滿臉淚水地磕頭說：「醫生呀！請你救救我吧！我……我還不想死呀……嗚……」

人們對於未知的事物，總是充滿恐懼、猜疑，因為搞不清楚問題在哪裡。

什麼樣的結果，都比不知道結果要來得好。

當我們得不到回應，問也問不出個所以然時，往往會以自己的想法去猜測對方的想法，認為：「他一定是生氣了……」「他不說話，會不會是因為他不高興？」「完了！他不說話，一定是有什麼難以啓齒的原因！」

然而，這些都不是事實。真正的事實，只有等對方開口了才會知道。

由此可見，如果想要製造對方心裡的緊張與焦慮，不需要用盡心思虛張聲勢，也不需要耗盡力氣拐彎抹角，只要保持沉默就可以了。

只要你保持沉默，對方的心裡就會開始不安。

知道這一點以後，我們應該要儘量對敵人保持沉默，對所愛的人有問必答、有求必應。

製造雙方利益，能得到最終勝利

「為人著想」這個習慣，是我們應該持守的態度。把自己的利益建築在別人的利益之上，自然可以輕易贏得別人的支持與幫助。

很多人在追求自己的利益的時候，只顧到自己，沒有考慮到別人，只問自己可以從對方身上得到多少好處，卻沒有想過能為對方做些什麼，因此往往得到了好處，同時也得罪了人。

你所做的一切努力，是否都以自己的利益為出發點？如果能從使雙方獲得最大利益的方向出發，或許最後的勝利是屬於你的。

美國太空總署正在招募人才，準備要把最適合的人選送往金星。

這個人去了以後，有可能無法再返回地球了，所以太空總署提出優渥的報酬，希望能夠吸引更多有志之士。

第一個前來應徵的人是一位美國工程師，面試官問他想要得到多少報酬。

他回答說：「一百萬美金，我要把這筆錢捐給栽培我的母校。」

第二個來應徵的人是個英國醫生。要求二百萬美元，他說：「我要把一百萬留給我的家人，一百萬作為醫學上的研究基金。」

第三個應徵者是台灣留學生，被問到想要多少報酬時，他小聲地在面試官的耳邊回答說：「三百萬。」

「喔，你的要求為什麼比其他人多了這麼多呢？」面試官好奇地問。

這名台灣留學生回答：「如果你給我三百萬，我可以分給你一百萬，我自己留一百萬，剩下的那一百萬，我們可以把美國工程師送到金星去。」

雖然這名台灣留學生的行為並不可取，但不可否認的是，他比其他兩名應徵者都還要懂得人性。

所以，我們應該效法這名台灣留學生秉持著「有錢大家賺」的精神，把自己的利益建築在別人的利益之上，自然可以輕易贏得別人的支持與幫助。不僅如此，人家幫了你，反而還倒過來謝謝你呢！

「為人著想」這個習慣，不只是良好的品德，更是我們應該持守的態度。因為，人第一個想到的總是自己，只要你把說話的焦點放在對方的需求與利益上，往往就可以得到你想要的結果。

越有自信的人越是謙卑

只有當一個人對自己滿懷信心時，才能不落入驕傲的陷阱裡。只有當一個人先肯定了自己以後，才能發自內心欣賞別人。

有些人之所以驕傲，是因為他們認為自己應該要先擺出一副很了不起的樣子，才能贏得別人的敬重。

有些人之所以表現得謙卑，是因為他們知道就算自己沒有很了不起，別人照樣還是會敬重他。

斯特拉芬斯基是一位俄裔的美國作曲家，一生中創作了許多世人耳熟能詳的樂曲，堪稱是一位音樂奇才。

一次，有位電影製作人出價四千美元，邀請斯特拉芬斯基為好萊塢的一部電影配樂。

斯特拉芬斯基當場拒絕，理由是因為錢太少了。

製作人秉持著商人的精神，爭辯說另外一位作曲家也以同樣

的價錢，為一部新片譜了曲。

斯特拉芬斯基聽了，不為所動，反而還自嘲地說：「那是因為他有才華呀！我不像他那麼有才華，所以做起來事就要費力許多，錢當然也得收得比較多，這樣才合理啊。」

從斯特拉芬斯基的身上，我們看到了自信與謙虛的魅力。

斯特拉芬斯基難道真的不如人家那麼有才華嗎？不，他清楚知道，自己的作品素質遠在對方之上，但是，卻謙虛地說，自己靠的不是先天的才華，而是後天的努力。

斯特拉芬斯基值得人們尊敬的一點，是他從來不低估那些成就不及他的人，即使別人的作品沒有他的作品那麼值錢，還是同樣肯定對方的才氣，甚至認為對方的才華比自己有過之而無不及。

這是多麼寬廣的心胸！唯有對自己充滿自信的人才做得到。

只有當一個人對自己滿懷信心時，才能不落入驕傲的陷阱裡。只有當一個人先肯定了自己以後，才能發自內心欣賞別人。

自信，是人一生當中最好的一份禮物。

當你有了自信以後，心裡就有了一座堅固的盤石，不會再因為別人的話語懷疑自己的價值，也不會再外在環境隨波逐流。你不會再為了與別人競爭而患得患失，會因為自信而懂得愛，找到了屬於自己的快樂。

能面對錯誤，才能改正錯誤

 要赤裸裸地面對自己的瘡疤，固然是一件很不好受的事情。但是要記住，只要處理得當，疤痕會漸漸消褪，錯誤也會慢慢更新。

　　每個人都會犯錯，但偏偏有些人就是無法接受自己犯了錯。

　　因此，當他們犯錯時，總是會說：「我沒有錯。就算我有錯，也是別人害我犯錯。就算我真的犯了錯，犯的也是全天下人都會犯的錯！」

　　犯了錯卻不肯認錯，做錯事情還怪別人，只會讓自己淪為別人的笑柄。

　　一天傍晚，先生下班之後，才剛進家門，太太便氣沖沖對他抱怨說：「你知道發生什麼事了嗎？今天早上，我在市區碰見一個沒禮貌的傢伙，我一看到他，就知道他是個沒讀過書的流氓。他一開口，就侮辱我，甚至還恐嚇我。」

　　「喔！實在太過分了，怎麼會有這種人呢？」先生聽了，立刻為太太打抱不平，非常關心地問道：「妳是怎麼碰到他的？」

太太理直氣壯地說：「他開車開在我前面，不但開得很慢，還故意讓我不小心撞了上去！」

明眼人一看就知道，這究竟是誰的錯。

承認自己的錯誤，的確需要勇氣。但是不承認自己的錯誤，並不能讓你的錯誤變不見，相反的，還會讓你越陷越深、越錯越離譜。

如果想要戒掉「凡事怪別人」這個壞習慣，就要先養成「反求諸己」的好習慣。每當事情一不對勁的時候，第一個就要想到：「我是否做錯了什麼？」接著再想：「我還能怎麼補救？」

記得告訴自己：「只要能解決的問題，都不是問題。」然後，你便能坦然地接受自己的錯誤。

要赤裸裸地面對自己的瘡疤，固然是一件很不好受的事情。但是，要記住，只要處理得當，疤痕會漸漸消褪，錯誤也會慢慢更新。

只要你不去逃避，就能很快超越。

改變想法，人生才有不同的活法

 一旦你下定決心要好好對待自己，就會去尋求對自己有益處的想法，也會有力量去抗拒那些拉你往下沉淪的陰暗思想。

許多你以為厄運臨頭的倒楣時刻，其實都是生命的轉彎處。你可以選擇走進一條自怨自艾的小巷子，也可以轉往一個不被挫折擊倒的大馬路。

只有改變你的想法，人生才有不同的活法。多去看看壞事中美好的那一面，不是對那個傷害你的人好，而是對自己好。

據說，家喻戶曉的大發明家愛迪生童年的生活十分困苦，為了賺點零用錢，愛迪生經常在火車上兜售糖果、點心和報紙。

一次，他在火車上販賣報紙之時，一個狠心的車站管理員粗暴地打了他一巴掌，打壞了愛迪生的耳朵，從此，愛迪生成了聾子。

雖然這是一件令人遺

憾的悲劇，但是愛迪生反而笑著說：「我真得感謝那位打壞我耳朵的先生，在這個嘈雜的世界上，是他使我清靜下來，不必戴著耳塞去做實驗了。」

如果是你被人打聾了耳朵，會有何感受？你會報復、自憐、憂傷、忿忿不平？還是接受事實，努力去看事情好的一面？

世界上沒有人想做聾子，當然愛迪生也不例外。當他從一個健全的人變得有殘缺、聽不見之後，心裡不可能沒有遺憾、沒有哀傷，但是，他卻選擇去看事情美善的一面，把磨難看作恩賜，讓自己重新快樂起來。

有些人會說：「我也想要像愛迪生一樣的樂觀啊，但是我就是做不到！」

那是因為，你並沒有決心要對自己好。

你希望別人對你好，希望得到別人的關心，希望壞事不要發生在你身上，但是卻沒有全心全意對自己好。

對你好，不是別人的責任，不是老天爺的責任，而是你自己的責任。

一旦你下定決心要好好對待自己，就會去尋求對自己有益處的想法，也會有力量去抗拒那些拉你往下沉淪的陰暗思想。

說話有技巧，人緣會更好

 只要把對方的缺點從好的角度來解讀，讓你的讚美不再只是空洞的形容詞，還有具體的比喻，就能讓人際關係更上一層樓。

成功學大師戴爾‧卡耐基曾說：「時時用使人悅服的方法讚美人，是博得人們好感的好方法。記住，人們所喜歡別人加以讚賞的事，便是他們自己覺得沒有把握的事。」

一句說到別人心坎裡的好話，不但可以為對方帶來一整天的好心情，也不必花費多少力氣，就可以幫助自己在別人心目中建立一個好印象，變成一個受人歡迎的對象。

有一天，五歲的小英望著媽媽的臉說：「媽媽，妳的臉好像水蜜桃喲！」

媽媽聽了，高興地抱著她左親右親，暗自慶幸自己買保養品的錢沒有白花。

欣喜之餘，媽媽問小英：

「妳說說看，媽媽的臉是怎麼像水蜜桃的？」

小英天真地回答：「媽媽的臉和水蜜桃一樣，上面都有細細的毛。」

小英雖然年紀小，但是稱讚人的功力卻比成年人都還要來得高明。

大部分人都知道讚美的好處，卻很少人知道要怎麼讚美。特別是我們看不順眼的人，不對他說重話就已經算是很有修養了，更別提要去讚美他。

這個時候，我們可以學學小英的讚美技巧，想辦法將一個不好的人和美好的事物連結在一起。

如果對方長得美，我們就說他長得像某某明星；如果對方長得醜，也可以說他長得像某某政治人物。

總之，只要在眾多事實當中儘量選好聽的話來說，把對方的缺點從好的角度來解讀，讓你的讚美不再只是空洞的形容詞，還有具體的比喻，就能真正的甜入對方的心窩裡，讓你的人際關係更上一層樓。

體會生活的每一種滋味

 有朋友、有另一半,卻沒有太多錢的日子,才是最幸福的,你可以盡情地去品嚐生活的每一種滋味。

不只是夫妻,我們身邊的許多朋友,都是可以同患難,不可以共富貴的。

或許你會覺得訝異,有了錢之後,不就萬事都好辦了嗎?為什麼反而會和原本親近的人疏遠呢?

那是因為,錢是對人性的一項考驗。

有一天,一位男子匆匆忙忙地打開家門,對著妻子大聲喊道:「瑪莎,快點收拾行李,我剛中了樂透彩頭獎!」

「哇!真的嗎?」妻子興奮地說:「那我們要去哪裡?我應該要準備到熱帶地區的衣服,還是到寒帶地區的衣服呢?」

「喔,我才不在乎這個呢!」男子說:「隨便妳想帶什麼衣服都可以,只要妳在中午以前收拾好行李,離開這個房子就行了!」

　　人在沒有錢的時候，做夫妻、交朋友，通常都只是為了生活中單純的樂趣，沒有太多現實的考量。

　　但是，有了錢以後，煩惱也就隨之而來，一切都顯得不單純了。原本稱兄道弟的朋友，會希望你有難同當，有福同享；沒骨氣的人，會覬覦你的錢，有骨氣的人，也會嫉妒你有錢。

　　陌生的人接近你，是因為你的錢，就算他們不是，你也會懷疑他們是。

　　金錢讓人性變得複雜，也讓人與人之間的關係充滿考驗。

　　原來，有朋友、有知己、有另一半，卻沒有太多錢的日子，才是最幸福的。

　　起碼，你可以盡情地去品嚐生活的每一種滋味，不像那些有錢人，不管吃什麼山珍海味都覺得索然乏味。

減少慾望，能換來心靈自由

 當你養成了節儉的習慣之後，你的花費少了，需求也少了，掙脫了物質的綑綁，才可以說是一個真正的自由人。

　　每個人都想要有錢，但是每個人卻每天都在花錢，究竟要等到哪年哪月，自己才會變有錢？

　　其實，追求財富最有效的方式，就是養成節省的生活習慣。省到就是賺到，這個世界上還有許多節省資源的方式，是你想都沒有想過的呢！

　　有一天，節能委員會召開會議，商討如何才能更有效地節省地球上的能源。

　　一位委員首先站起來，發表自己的意見：「我認為，我們可以在喪葬方面進行改革。我建議今後死者不必再使用棺材，改用塑膠袋來代替，這樣可以節省大量的木材。」

　　他的話才剛說完，台下立刻爆發一片熱烈的掌聲。

　　另外一位委員接著說：「我也建議，除了用塑膠袋代替棺材之外，今後屍體埋在土裡，不必橫著放，而改由豎著放，這樣可以有效節省土地。」

　　此話一出，會場上立刻掌聲雷動。

　　第三位委員迫不及待地補充道：「我建議，除了把屍體裝在塑膠袋中，豎著埋以外，還可以讓屍體一半埋在地下，另外一半露出地面，這麼一來，連立墓碑的費用都省了！」

　　他的這番話，贏得了全場最為熱烈的掌聲。

　　生活方便的現代，其實什麼都能省。很多東西或許是重要的，卻不是必要的，只是我們習慣了舒適方便的生活，總是把「奢侈」當成「應該」，把「想要」當成「重要」。

　　其實，在我們花每一分錢的時候，都應該要想一想：「這筆錢，不花可以嗎？」或許，改變過去的用錢方式，換成這樣「能省就省」的想法，就可以省去許多不必要的開銷。

　　也有很多人知道要省錢，但是卻不懂得應該節省資源，殊不知，我們平日使用的衛生紙、水、電、瓦斯……等等，都是錢換來的。每樣東西代表的不僅是錢，更代表了地球上的資源，是多少人勞心勞力的結晶，實在不應該被輕忽、被浪費。

　　當你養成了節儉的習慣之後，你的花費少了，需求也少了，掙脫了物質的綑綁，才可以說是一個真正的自由人。

　　到時候，不僅你的財富會增加，你的快樂也會加倍。

　　或許，你現在會說：「省省吧！這個也省，那個也省，這樣省來省去的日子怎麼可能會快樂？」

　　但是，只要親身體驗過之後，你就會發現，那樣的日子不但可以讓你成為「樂活族」，也可以讓你更懂得珍惜自己擁有的幸福。

差異，讓生命充滿意義

人與人的差異，可能會造成溝通的障礙，但這也是每個人獨特可貴之處。透過人與人之間的互補與交會，就能集好處於一身。

很多時候，我們不喜歡一個人，並不是因爲那個人有多麼討厭，只是因爲他和我們不一樣。

當我們遇到性格迴異的對象時，請先不要急著去排斥他，正因爲他與你不一樣，所以他身上一定有很多值得你學習的地方。

大家都知道，學文科的和學理科的人，個性上有很大的差異。

文科的學生最不愛聽到的誇獎是：「哇！你連莎士比亞這號人物都知道，你的學問真淵博呀！」

至於理科的學生最不愛聽到的誇獎是：「我的天啊，你連電燈泡線路都會接，真能幹啊！」

文科生最喜歡的娛樂是中國象棋，因為歷史悠久，頗具意義。理科生最喜歡的娛樂是橋牌，因為記分複雜。

　　女孩子找理想男友時，都喜歡文科男生的嘴和理科男生的腿。因為文科生的嘴甜，理科生的腿勤。

　　而男生找理想女友時，也不約而同地欣賞文科女生的外貌，和理科女生的頭腦。因為文科女生氣質溫婉，理科女生頭腦聰慧。

　　文科男生談戀愛時，講求「肥水不流外人『甜』」，因為本系女生很多。理科男生談戀愛時，最喜歡「引進外『姿』」，因為本系女生太少。

　　文科學生最沮喪的事，就是碰見一個詩詞比自己背得多的理科生。理科學生最沮喪的事，就是碰見一個電腦比自己玩得好的文科生。

　　文科學生最不能認同理科學生的地方是：這些傢伙每天從早忙到晚，大學時光豈不是白白浪費？

　　理科學生最不能理解文科學生的地方則是：這些傢伙每天從早閒到晚，大學時光豈不是白白浪費？

　　不管是文科學生還是理科學生，都有不同的優點，也都有不同的觀點，自然形成不少差異。

　　人與人之間的各種差異，可能會造成彼此溝通的障礙，但這也恰恰是每個人獨特可貴之處。

　　文科生有文科生的好，理科生也有理科生的妙。只要我們保持一顆敞開的心，人生路上就一定會有許多奇妙有趣的相逢。

　　也許我們本身是文科生或是理科生，但是透過人與人之間的互補與交會，就能集文科生與理科生的好處於一身。

PART 9

別讓幽默變成荒謬

做人當然要幽默，

但是自以為是的幽默，

往往使自己的說詞變得荒謬。

想要展現幽默化解尷尬之前，

先想想自己編的理由是不是天方夜譚！

用幽默面對挫折，避免重蹈覆轍

只要我們能大方面對生活的艱難，也能冷靜思考跌倒的原因，用幽默的態度記取教訓，你我的人生路必定能順心如意！

在某節火車廂裡，有位猶太老人與一位俄國軍官面對面地坐著，這時老人家拿出了青魚開心地吃了起來。俄國軍官看著他，猶太老人也看了他一眼，只見這俄國軍官態度有些不屑地問他：「為什麼大家都說你們猶太人很聰明呢？」

猶太老人笑著對俄國軍官說：「我們是很聰明，但卻不是天生的，這一切全得歸功於青魚頭！」

「青魚頭？那是什麼意思？」俄國軍官問。

老人家神情得意地說：「因為，我們都是把整條青魚吃下肚。也就是說，當別人都把魚頭丟掉時，我們可是連頭都吃下肚，所以我們比別人聰明囉！」

這俄國軍官一聽，若有所悟地說：「原來如此。我懂了！那麼，你能賣給我兩個青魚頭嗎？」

老人一聽，爽快地答應：「非常樂意，給我兩個盧布吧！」

俄國軍官從老人手中拿過兩顆「魚頭」，雖然這魚頭聞起來有些噁心，但為了「聰明」，他還是一口氣把兩顆青魚頭全吞了下去。

但才剛吞完青魚頭，軍官忽然想到什麼似的，大喊道：「老

傢伙，竟敢騙我錢，你買的青魚哪有這麼貴！」

猶太老人聽了，微笑地點頭說：「你看，這不就馬上起了作用？」

看著猶太老人輕鬆應付，讓人也感到一陣輕鬆快意。

是呀，何必跟人爭得面紅耳赤，何必與人辯得嘴角起泡？靈活運用自己的機智幽默，不就能讓兩個人的才智分出高下？

再從俄國軍官的角度思考，這個難得的機會教訓，或者是他一生之中印象最深刻的經驗，畢竟，習慣站在制高點看人的軍官，難得受到如此嘲諷，也難得能得到智者的教育點化呀！

每個人一生之中都有許多學習的機會，但不是每個人都能得到教訓，有不少人總是要等到受騙上當或失敗挫折的時候才知道：「他們說的話還真有道理。」這就好像下面故事中比德的情況。

比德不顧家人的反對，飛奔進牧場，執意要參加這場「無鞍」的騎馬比賽！

但沒想到他才坐上馬背不到幾秒，旋即被馬狠狠地甩到了地上，這一摔，還讓他昏迷了過去。等他甦醒了之後，朋友到醫院探望他，關切地詢問：「你還好吧？現在覺得怎麼樣呢？」

沒想到比德竟說：「還不錯！這場意外讓我終於了解了我父親的遺願！」

「遺願？你父親也想參加無鞍騎馬比賽？」朋友問。

「不，他老人家一直希望我做事能『三思而行』！」比德尷尬地說。

就像比德一樣，我們總是要等到自己遇上了，才會領悟個中

道理。不過，其中利弊，有些時候得視情況而定。

　　從另一個角度思考，這兩則故事中的主角情況其實也不算壞，雖然傷害造成了，也付出了一定的代價，但吃了苦頭之後，只要能好好的記取教訓，別再歧視他人，也不要自視過高，從此事事都能「三思而行」，那曾經失去的將會以加倍的數量還給他們的。

　　再從勸說者的角度來看，或許他們的情況讓人擔心，但在非常情況下，不妨放手讓他們去試吧。因為一個缺乏親身經歷的人，很難體會別人的擔心，更無法領悟別人為何一再叮嚀的原因。試想，我們不也是親自歷經了各式磨難與辛苦之後，才學會事事要三思而行，學會怎麼展現聰明智慧，不是嗎？

　　別埋怨生活中為何有那麼多陷阱，也不要抱怨人生困難重重，其實人生不怕犯錯跌倒，只怕一再地重蹈覆轍，只要我們能大方面對生活的艱難，也能冷靜思考跌倒的原因，用幽默的態度記取教訓，你我的人生路必定能順心如意！

願意努力，才不會總是投機

機會從不放棄任何一個人，多數情況是我們自己一再放棄了伸手就能抓住的每一個機會，用樂觀開朗的態度面對自己的人生吧！

　　一個新進犯人不解地問管理員說：「為什麼這窗外要裝上鐵欄杆呢？」

　　「為了安全啊！」管理員理所當然地回應。

　　「安全？拜託，這房間內空蕩蕩，還怕被人偷啊！」犯人嘲笑著說。

　　管理員看了犯人一眼，冷冷地回答：「你錯了。我們不是怕『東西』被偷，而是怕『人』被偷！」

　　管理員幽默的回應，正好反映了犯人的無知與頭腦簡單，無怪乎這個犯人會被抓進牢裡啦！

　　從這個犯人的問題當中，想必使人想起不少新聞畫面中那些狀況百出的笨小偷，有人想偷東西結果反被困在屋裡，等著警察來抓；還有人是東西到手了，卻偏偏掉了身上的皮包，正巧成了員警建功的證物。

　　舉出的這些例子，不是嘲弄他們笨頭笨腦、笨手笨腳，而是想呼應故事中的寓意：「自作聰明，總被聰明誤。」

　　想幹壞事的人無一不是費心籌謀，看起來似乎萬無一失，絕

對不會錯手，可是偏偏每一個都失手！

其中原因無他，走暗路，光線不良，道路崎嶇，犯罪者的心情更是七上八下，心驚膽跳，試想這條「不歸路」又怎麼會走得順呢？

或許有人會說，他們之中總有些「逼不得已」的犯錯理由，但同情罪犯等於傷害自己，因為當我們一旦「同情理解」，他們就會利用你我這個弱點一再犯罪，一再用這個藉口戕害社會，一如下面這個例子。

典獄長看著剛入獄的慣犯說：「喂，我們又見面了！」

犯人嘆了口氣說：「唉，沒辦法呀！你知道的，現在錢越來越難賺，以我的收入也只住得起這兒啊！」

這個犯人頗有幽默感，卻不知腳踏實地努力，最後只能把幽默在鋃鐺入獄後自我解嘲，未免太諷刺了。

真的是錢難賺？還是他根本自始至終都不曾努力工作呢？

回到現實生活中，我們不難見到許多異鄉人從故鄉來到異國異地賺錢工作，薪水可不比我們多啊！但我們可曾聽見他們埋怨錢難賺？又有多少人因此而找藉口投機犯罪？

在街邊，有人肯低頭彎腰，以回收工作為業，一塊一塊累積財富，甚至因而累積成小康之家。他們也曾走過三餐不繼的時候，其中還有不少人將累積而得的錢財捐助他人，這一類人生活的辛苦更甚於於你我。試想，他們能不埋怨，積極努力，我們又有什麼理由說「做不到」？

嘴裡說著「沒收入所以想進牢房」的人，只懂埋怨社會的不足不公，卻少有人懂得反省自己的心態偏差啊！

　　莫把自己的責任推給別人，不妨多想想，有人可以勒緊褲帶，忍饑努力走向知足，珍惜每一餐米飯，你為何不能？

　　別再朝投機方向思考，關鍵不在於社會環境的機會多寡，而在於你是否相信自己，又是否願意付出努力。

　　機會從來不會放棄任何一個人，多數情況是我們自己一再放棄了伸手就能抓住的每一個機會，用樂觀開朗的態度面對自己的人生吧！

再多幽默，也掩飾不了犯錯

千錯萬錯也都是別人的錯，但以結果來看，那責任依然是自己必須承擔的，任何理由都無從卸責。

有個外籍勞工捲入了一場銀行搶案，在法庭上不斷反覆用自己的母語向法官解釋他是無辜的。

法官認真地聽了老半天，卻始終聽不明白他說的話，最終只好無奈地問他：「你會說英語嗎？」

這外籍工人點頭說：「只會說一點點……」

法官點了點頭說：「沒關係，就以你會說知道的英文來解釋這件事吧！」

只見這外籍工人吐了口氣，然後說：「統統不許動，把錢全部拿出來。」

法官一聽，冷笑一聲說：「你的英文說得好！」

語言不通反而成了這外籍工人「認罪」的最佳證詞，想必連法官大人也沒料到吧！只是，就算真料到了，再多的謊言或求饒也無法掩蓋犯錯的事實，畢竟真相是隱藏不了的，再怎麼避責也無用。

就像故事中的外籍搶匪，無論他說得多麼無辜、多可憐，也不管他是怎麼被煽動引誘，終究必須承擔罪責。

　　一時轉錯的心念往往使人步上歧途，別想躲過責任與良心的責罰，若想推卸責任更是難如登天。好像下面這則故事一般，看似輕鬆瀟灑的回應，看似機智正當的理由，卻反而更顯出犯人價值觀的錯誤。

　　法庭上，法官對著一名慣竊訓斥說：「好好想一想，你這一生中到底有沒有做過一件好事？」

　　犯人一聽，用力的點頭說：「有！當然有啦！你好好想一想，如果不是我，閣下和警察們不就要失業了嗎？」

　　慣竊的強詞奪理或許讓人覺得好笑，但這個自以為是的幽默卻讓人覺得沉重。試想，這理由中不正隱隱透露出這個犯人根本不知悔改？

　　要把幽默用得更靈活，但不要用幽默來掩飾自己所犯的錯。

　　多數犯錯的人心裡總有個自以為正當的犯錯理由，說是因為不敵貪婪心當然是藉口；因為朋友鼓動，也只是想要推卸責任的人最常使用的推諉原因。聽起來所有錯誤都是事出有因，千錯萬錯也都是別人的錯，但以結果來看，那責任依然是自己必須承擔的，任何理由都無從卸責。

　　職場上，有不少人喜歡耍弄心機，設局害人，說是為了制敵，或說是為了打敗對手，總說得一副情非得已的模樣。可是在犯罪之前，想犯錯之前，難道他們真的沒想到後果？

　　當然不是沒有設想後果，只是他們設想之後，仍舊選擇貪一時之利，逞一時之慾。

　　這一類人大都心存僥倖，總是不肯再深入考慮後果，更不肯冷靜深思自己的行為有多不應該。

　　看別人的故事，想自己的人生，無論我們在什麼位子上，心念一定要持正，也一定要時時省思自己，犯錯前先停下來多想一想吧。

　　新聞畫面裡，那些犯人們在面對審判或受害者的指責時，總是可憐兮兮地請求原諒，總是心虛地在鏡頭前東躲西藏。只要心念一轉，就能及時發現自己可能犯錯。與其心存僥倖地幻想，不如好好想想在被關進囚牢時，自己會是什麼可悲的「落魄」樣。

別讓幽默變成荒謬

 做人當然要幽默，但是自以為是的幽默，往往使自己的說詞變得荒謬。想要展現幽默化解尷尬之前，先想想自己編的理由是不是天方夜譚！

法官非常大聲地質問竊賊：「說！你究竟是怎麼打開那個保險櫃的？」

不知道是被法官嚇著，還是心裡真的這麼想，只見那竊賊忽地放小音量說：「法官先生，這，這不能告訴您啊！」

法官聽了不禁皺眉，才準備開口逼問，竊賊卻補充說：「因為啊，我認為在這屋子裡說不定有人想吃我這行飯哪！」

這位竊賊真是想太多了。在法院內就算真有同行，眼看他最終還是被逮捕，應該不會有人會想學習他的技藝。即便他的技術再獨到，一般人坐在嚴肅的法庭內，多數應該還是會好好想一想，自己有沒有必要跟他一樣站在那兒「受審」吧！

生活中，總有像這一類自以為聰明的人，明明犯錯，卻仍然要編一大堆理由遮掩自己的過錯，試圖耍弄小聰明替自己開脫。可是，他們卻不知道，人們總能得見其中破綻，畢竟謊言難以遮蔽，強詞難以奪理，一如下面的另一個你我生活中常見的案例。

有個職員上班遲到了，經理正等在門口，一看見他便怒氣沖

沖地質問：「說！你為什麼遲到？」

這員工裝出一副非常無辜又無奈的表情說：「唉，早上我在刷牙的時候，因為太著急了，不小心把牙膏擠出了四十多公分長，我不得不再把它收回管子裡，等我把它全都回收後，這……對不起，我真的沒注意到時間，沒想到這『專注』收回的動作，竟費了我一個多小時！」

為了把牙膏收回管子內，所以浪費了一個小時也不知道，這種理由你能接受嗎？這樣的原因你能原諒嗎？

做人當然要幽默，但是自以為是的幽默，往往使自己的說詞變得荒謬。

相信多數人都會認定這個理由是假的，即便真有這等荒誕的事，應該不會有人能接受吧！

畢竟生活秩序總有一定的規範，倘若人人都像故事中的員工一樣輕忽怠慢，公司恐怕很難生存下去吧！

再從另一個角度思考，許多自以為聰明的人確實常把所謂的「規矩約束」視為對他的「強制設限」。埋怨規定設限了他們的發揮空間，侷限了他們的伸展自由，於是他們拒絕被規定束縛，卻也同時放棄了原本屬於他的機會。

一如我們常聽見的，那些不想受公司限制的人，說要自創事業，說要自己管理自己，可是他們說話的同時，卻也忽略了即使自己開業，同樣會有「時間」的限制，也同樣會有不同程度的「能力考驗」或「才華難展」的時候，其中時間的限制比上下班時更難有彈性。

簡單來說，凡事不能只看表面，生活原本就該有一些規矩，即使是自己開業，即使是看似自由的SOHO族，同樣會有時間上

的約束和工作規矩，甚至他們看待時間的嚴謹程度更苛刻於公司安排。

因為他們很清楚只要稍一鬆懈怠惰，機會便要被別人搶走，生活便得勒緊皮帶，生活壓力可是大於依「公司規矩」生活的人。

從另一個角度看，規律的生活事實上一點也不是束縛，反而更能激發生活的動力。

因為，真正聰明的人會在時間限制內將工作完成，他們從一天開始的那刻起便積極且全力衝刺到工作結束，然後再聰明地將工作放下，聰明地好好享受工作以外的悠閒時間。

人都有遲到、爽約的時候，想要展現幽默化解尷尬之前，先想想自己編的理由是不是天方夜譚！

只要問心無愧，人言並不足畏

理性地讓對方明白你的感覺，用幽默的口吻坦白誠實地讓對方知道你心中的想法，不只能讓對方更認識你，還能減少彼此的猜測與懷疑。

亨利打了通電話給經理，要向他請假：「經理，我一早起床發現喉嚨發炎，很不舒服，想要向您請假。」

「喉嚨發炎，真的？那為什麼你說話的聲音不輕一點呢？居然還大吼大叫？」經理懷疑的提問。

亨利一聽，頗不以為然地回應：「我說話聲音為什麼要輕一點？我喉嚨發炎又不是什麼大秘密！」

亨利說得很好，不是嗎？

多數人為了取信他人或得到人們的同情，總會裝模作樣或虛假地偽裝自己，但偏偏在最重要的時候，因為心虛反而讓人留下了「存心欺騙」的壞印象！

喉嚨疼痛不必非得聲弱游絲，說話大聲若是與生俱來，那就順著自己的聲量表現，病痛雖然易裝，但我們不必非得假裝自己一副病懨懨的模樣。

那些生命垂危的人，仍努力振作精神，努力展現著陽光般的歡顏，面對一天天的病痛折磨，原因無他，因為他們堅持：「生命精神本該是燦亮的！」

　　一個懂得尊重自己心意的人，看似直率愚笨，其實面對事情之時反而更懂得怎麼坦然且冷靜地應對，也更能理性地應付。

　　若還不明白的話，我們再舉一例來討論。

　　有個新到任的傳道士來到一間修道院後，經常被其他前輩欺侮，他忍了好久，終於受不了去找道院長訴苦。

　　院長聽完他的傾訴後，卻微笑地說：「孩子，我們的確被要求必須學會忍耐，可是，當你實在無可忍的時候，為什麼還要忍耐呢？」

　　對話雖然簡單，卻也充分告訴我們「忠於自己」的重要。忍耐是生活中的一門功課，卻不是生活中必須絕對遵行的準則。

　　與亨利堅持表現自己一樣，只要問心無愧，就沒必要犧牲自己去成全什麼德業，畢竟每個人都是有感覺和情緒的，過分壓抑或違背心中的想法或希望，反而容易讓自己陷入錯誤的心情感受中，甚至錯亂了自己生活的步驟。

　　順著你的心裡感受把情緒表現出來，理性地讓對方明白你的感覺，用幽默的口吻坦白誠實地讓對方知道你心中的想法，如此一來，不只能讓對方更認識你，還能減少彼此的猜測與懷疑。

　　再想多一些，既然被人過分地欺負，那麼何妨適度將心中情緒輸出，讓他們知道自己不是一個任人欺壓的爛好人，更要讓對手知道：「別再得寸進尺，不然反擊的力量將讓他一蹶不起！」

心情放輕鬆，就能展開幽默作風

把心情放輕鬆，自然能展現機智幽默的行事作風；自然能在笑聲中，看見冷靜解決問題的智慧。

法官大聲地怒斥：「你膽子真大，竟在一個星期內犯下六件搶案！」

誰知犯人一聽，居然對法官說：「法官大人，說真的，如果所有的工人都像我這麼勤奮，那麼我們的國家發展必定非常興盛繁榮。」

法庭上的精采對話，常讓人啼笑皆非，但也偶有讓人拍案叫絕的時候，就像這個犯人的回答。當然，這傢伙的「勤勞」肯定用錯了地方，但他的邏輯思考卻是發人深省的。

回到現實生活中，有多少人不是正如犯人所說的一樣？我們不難發現，那些埋怨工作難找的人，多半是抱持好逸惡勞的生活態度，即便機會近在眼前，他們也懶得伸手摸一摸！

再反思這個犯人，不也正因為「好逸惡勞」的價值偏頗，而讓他老想著「投機取巧」，想著「強取豪奪」別人辛苦掙得的財富？

閱讀故事可以有好幾個面向，每一個角度都可以得到啟發，只要我們肯認真思考，負面例子也可以得出正面省思，正向思考

更能糾正負面念頭。

好像下面這個故事，當我們氣憤搶匪犯罪行徑的同時，卻也從行員的有趣反應中，另得一個正面的思考方向。

芝加哥銀行櫃台前交易客戶絡繹不絕，其中有一個人忽然舉起槍對著行員說：「動作快一點，我要提領一筆錢……」

行員點了點頭，問道：「先生，請問您的帳號是……」

那人一聽，不禁皺眉斥喝：「我要是有帳號的話，還拿手槍幹什麼？」

在這裡我們不聊搶匪的問題，因為讓人最感興趣的是這銀行人員的反應能力，說他不懂察言觀色發現眼前人的意圖，似乎不對，看見他傻呼呼向對方要帳號，冷靜且理性地對付，不也說明了他有意拖延時間的機智？

故事的結局不難想見。一如我們所熟悉的，多數人遇上懂得裝傻的人，通常都不知道要如何應付，故事中的搶匪，和行員牛頭不對馬嘴的互動，不過是被捕之前的簡短過招！

世上聰明人裝笨蛋的情形不難分別，從各種故事例子中，我們總能看見生活中真正的聰明人處理事情的技巧，也常常能從他們呆呆的傻笑中，看見他們輕鬆將世事鬆綁解套的訣竅。

如果想問他們是怎麼做到的，其實很簡單，把心情放輕鬆，自然能展現機智幽默的行事作風；跟著自己的感覺走，凡事輕鬆看待，也冷靜理性地應對，自然能在笑聲中，看見冷靜解決問題的智慧。

要扭轉他人看法，先改變自己的做法

面對別人的嘲笑，更要更努力彌補不足，只要能將嘲笑視為積極圖強的力量，很快地，就會聽見人們驚嘆肯定的聲音。

　　法官極其不悅地對著一名慣竊說：「你一再犯案，真是惡性不改啊！別告訴我，你又有什麼好的理由啊？」

　　小偷一聽，驚呼道：「法官大人，您真真是我的知音！我這一回真的是有不得已的苦衷啊！」然後嘆了口氣說：「唉，我上次出獄後，曾經接受兩次輸血，您知道嗎？那兩個輸血給我的人居然都是慣竊。」

　　小偷故作無辜地對著法官，法官大人聽了不禁搖頭。

　　笑看這名慣竊的理由，思考他所謂血液裡也有「習慣偷竊」的因子，我們簡單地轉念一想，卻也得出了一個不同的想法，那正是「習慣」的可怕！

　　壞習慣一步也跨不得，修正錯誤一步也不能停歇，因為當人們對我們的「習慣」有了一定的印象後，想扭轉他們的觀感，將會是一個漫長且辛苦的等待！

　　換種說法，慣竊犯推說那是「別人的習慣」時，也代表著他並未好好看清自己的過錯。我們都知道一個人的意志全靠自己掌控，即使全身換血改造，也不可能取代你我的心志，更別提「輸

血傳承」的因果關係。

從另一個角度想，當別人又再否定我們的時候，我們該做的不是反駁他們的否定，更不該只想著找藉口理由諉過，而是要認真省思，為什麼自己不管做什麼都會被懷疑，又為什麼無論我們怎麼做，身邊的人依然否定的原因。

不想被否定，那麼我們就不該像下面這個女人一樣只知遮掩，而是要找出問題的癥結，並讓身邊人的相信：「我會很認真地修正自己的錯誤，也會非常努力地補強自己的不足！」

瑪莎站在希臘神廟的廢墟前，對著朋友大聲呼喚：「誰來幫我拍張照？」

遠處一位朋友走了過來說：「我來吧！」

「你可千萬別把我的車子也拍攝入鏡啊！」瑪莎指著停在左手邊的車子。

「為什麼？」朋友不解的問。

「那樣的話，我老公肯定又會說這是我撞出來的。」瑪莎無奈地表示。

何必為這樣的事感到無奈呢？車子一同入鏡又何妨？其實，擔心老公嘲笑否定，不如坦然地讓他知道自己確實技術不佳，請他教導開車的技術，好讓自己的開車技巧更加進步，這才是解決問題的根本之道啊！

旁人的「習慣認知」也許不容易改變，但只要我們有心改過，認真修正，壞印象終能扭轉改變，換得人們的認同與肯定。

面對別人的嘲笑，更要更努力彌補不足，只要能將嘲笑視為積極圖強的力量，很快地，就會聽見人們驚嘆肯定的聲音。

要風趣，不要反唇相譏

描述自己真實窘況的時候，不一定得反唇相譏，下次遇到諸如此類的問題，不妨發揮自己的幽默感，給對方一個風趣的答案吧！

「派翠克，寡婦梅洛妮剛提出控告，說妳把她最愛的小豬仔偷走了，這是真的嗎？」神父質問派翠克。

派翠克點了點頭，非常誠實的說：「是的，神父。」

神父搖了搖頭說：「妳偷她的小豬做什麼？」

「偷來……吃……對不起，我實在太餓了！」派翠克說。

「我的神哪！派翠克，當妳來到末日審判的那一天，若是遇見寡婦和豬仔時，妳要怎樣替自己辯護呢？」神父提醒她犯的錯恐怕難以得到寬恕。

「神父，您說小豬仔也會在那裡嗎？」派翠克問。

「當然會啊！」神父點頭說。

「那太好了，神父，請您放心，到時候我會對寡婦說：『夫人，您的愛豬在這裡呀！』」派翠克放心地點點頭說。

派翠克這有趣的回答，不知道帶給你什麼樣的思考啟發？

先不討論派翠克偷了人家小豬仔的責任，我們不妨一同從宗教信仰中反向思考，當宗教約束力不再，人們對於信仰只有「祈求救贖」或「捐獻增福」的目的時，似乎對死後審判再也不覺得

可怕，即使經書裡一再強調前世今生的因果報業，人們好像也不太在乎了。

究其原因，最重要的是因為現代人只想好好活在當下，多數人連今生都自顧不暇了，哪還有餘力去思考「死後」？今生都求不全了，哪來的餘力尋求死後來生啊！想著那些一心念念著死後，只想靠著未知的地獄天堂來約束人們的人，不知道你是否也覺得這類人很不切實際？

再舉一例，也許更能讓我們看清並正視其中的現實面。

曾經有個牧師到窮人區推廣宗教信仰。

這牧師問一戶窮人家的主人：「請問，您死後是想上到天堂，還是想下到地獄去？」

窮人冷笑一聲，回答說：「唉，到那時候再看看吧！只要哪邊的玉米麵粉便宜，我就到哪邊去囉！」

多簡潔有力又風趣的一個答案，連三餐溫飽都成問題的窮苦人家，填飽自己的肚子都有問題了，光是賺錢餬口都來不及，哪裡還有時間去參與宗教活動，甚至是掏錢捐獻呢？

這裡我們不是要否定宗教的功勞與作用，只是當人們一味靠著信仰來紓解犯錯的內疚，或祈求脫離貧困，而不是由心做起，且相信神多於相信自己，只知利用告解求救或捐錢來期待改變命運，那宗教之於他們恐怕壞處多於好處啊！

我們都知道，宗教不是唯一教育心靈的方式。懂得自省，知道培養自己的道德心與良知，認真生活在今生，勇於面對的現實當下，絕不期待未可預知的來生，才能真正得到心靈的自由。

好像犯了錯的人，若能發自內心檢討反省並積極改過，不必

等到死後再去悔悟，只需要再一步，便能踏入天堂之中。又如那些安貧樂道之人，其實他們不必等待來生，今生早已成就自己在「天堂」中享受人生了。

　　當然，描述自己真實窘況的時候，不一定得反唇相譏，下次遇到諸如此類的問題，不妨像故事中的窮人，發揮自己的幽默感，給對方一個風趣的答案吧！

PART 10

真心誠意，
人生才會快意

不想勉強自己，

就不要強迫自己曲意奉承，

勇敢向對方表達心意，

也坦率告知對方你的想法，

相信多數人都會體貼諒解的。

要求配合不如以身作則

人和人之間一旦要計較，總有計較不完的事，與其把事務交到一個沒有責任感的人手中，不如還是辛苦一些自己完成吧！

　　沒有人「本來就該」配合我們什麼事，但許多時候我們都是照著自己的心意在要求別人，即便是家事也是如此。

　　譬如，看見地板髒了，你可曾拿起掃把自行清理？還是只會對著身邊的人怒吼：「你們看，這地板這麼髒，怎麼沒有人要掃一掃、拖一拖呢？」

　　要求人們分工合作，不能強迫對方服從；希望人們與我們攜手合作，也要對方心甘情願配合，不然合作不成反生敵意，更是得不償失啊！

　　吉姆和提姆一塊到湖邊露營，這兩個好朋友的性格互補，提姆比較懶，吉姆比提姆勤快許多。

　　假期開始的第一個晚上，吉姆對著提姆說：「提姆，你去買點肉去吧！我來升火。」

　　「不，我實在很累了，還是你去吧！」

　　吉姆聽了，只好摸摸鼻子，自己一個人出去買肉。

　　肉買回來之後，吉姆說：「提姆，肉已經買回來了，就交給你煮吧！」

提姆還是一副懶懶的模樣說：「不，我不會烹飪，還是你做吧！」

於是，吉姆只得自己去升火、烤肉，就在烤肉的時候，吉姆拿起買回來的長條麵包，又對著提姆說：「幫幫忙，把麵包切一切。」

不必猜也知道，提姆的答案是：「不！我沒力氣切東西。」

最後當然還是吉姆把事情處理完畢。事後，吉姆忽然想到要沖泡熱飲來喝，對提姆說：「不然你去提桶水來，我好沖泡咖啡或茶來喝。」

「不，我不想把衣服弄髒。」

提姆的答案仍然是一個「不」字。

直到吉姆一切準備就緒，美味的肉香和咖啡香氣陣陣撲來，十分誘人，這時吉姆開心地說：「太好了，飯做好啦！提姆快來吃東西。」

「好！說實話，我不是老是喜歡說『不』的人。」提姆迅速拿起刀叉說。

我們可以很快地列舉提姆不對的地方，只是怒斥再大，要求他省思的聲音再多，像提姆一樣懶惰的人也只會回以「那又如何」的神情。

　　除非相同的困擾發生在他的身上，並且讓他深感不便與不滿，才有可能醒悟「分工合作」的重要。

　　再看看提姆和吉姆兩人之間的互動，當我們在為吉姆抱屈的同時，卻也不難感受到歡喜付出的吉姆，自始至終都不曾抱怨斥責過提姆，從中也帶給我們不少省思的空間。

　　我們常強調「分工合作」的重要，但無論人和人之間的關係有多緊密，仍然會遇到私心重的人，他們只懂得顧及自己，鮮少顧及他人感受，面對理應分工合作的時候，就是有辦法擺脫職責，翹腳等著別人幫他完成，這時，我們又該怎麼面對和處理？

　　人和人之間一旦要計較，總有計較不完的事，特別是「分工」之事，但是與其把事務交到一個沒有責任感的人手中，後續還得辛苦修補，或擔心可能出錯，不如還是辛苦一些自己完成吧！

　　看著吉姆辛苦完成一切，我們似乎也感受得到吉姆甘之如飴的工作態度，有些時候實在不必為了一時的情緒而壞了自己的心情。

　　人生時時都可以快樂享受生活，然而，若是出現了不滿或埋怨的情緒，還偏偏勉強人們配合，換得的常常不是真正的快樂分工或團結齊心，而是另一場人心猜疑和紛爭的開始。

　　明白其中道理了吧！還不明白的話，再奉勸一句：「人與人相處時不要太過勉強，關照到別人意願和情緒，很多時候更是為了關照自己的好心情，多做一點又何妨，提水烹煮不也是享受生活的好時候？」

想換得知心，先要付出真心

 人際交流的現實面，是我們經常面對的考驗。情誼的互動，是十分溫暖謙卑的，想換得別人的知心，自己先要付出真心。

　　人心隔層肚皮，人和人之間總存在一種無形的隔閡，有防備，更有猜疑。

　　在計較人性現實的同時，我們更不能忘記自己是否能坦白誠實對待別人，畢竟友情是日積月累而得到的，時間會讓對方看見你的真心誠意，當然，也會讓他們看見你的虛情假意。

　　這是兩個好朋友之間的對話：
　　「你這個蠢驢！」
　　「我可能真是頭蠢驢，不過這問題的原因在於，究竟因為我是你的朋友，所以我是頭蠢驢？還是因為我是頭蠢驢，所以才成了你的朋友？」
　　「這，哼，那得看情況！」
　　「喔，是這樣嗎？我看你的朋友也不少嘛？」
　　「當然，不過那也要看情況！」

　　「怎麼說？」
　　「看是他們需要我的時候，還是我需要他們的時候。」

十分現實的對話，在反嘲誰才是真正的「蠢驢」同時，也得出了人心的「現實」，建立在「需要」的情誼，想必讓不少人心有戚戚，也感慨萬分吧！

這是人際交流存在的現實面，雖然誠實得讓人討厭，但也是我們經常得面對的考驗，只是再現實的社會也有溫暖的一面，再醜惡的人性也有良善的真情表現，一如下面這則故事。

兩個莫逆之交幾乎天天形影不離，甚至連吃的穿的，或是身上的小配件，也都一模一樣，他們說這樣最能表現出兩個人的深厚情誼。

有一天，兩個人一同到某間餐廳用餐，當服務生端來兩盤湯請他們享用時，卻發現其中一盤湯裡竟有隻死蒼蠅，面對著湯品的男子滿臉為難的表情，因為他不敢喝，更不敢開口換湯。

十分了解朋友個性的另一男子，便對著走過身邊的服務生說：「先生，這兩盤湯為什麼不一樣呢？你不知道，我們兩個人什麼東西都要一模一樣的嗎？」

情誼深厚的兩個人，樣樣事物都要一模一樣，卻在面對問題時，突顯出不同人的不同個性，表現了人和人之間互補的常態，

一如故事中的情況。

　　一個是怯於表達意見，另一個則是聰明靈敏也能勇敢表達，兩個人相輔相成，無怪乎會成深交的知己。

　　一句「什麼事都要一模一樣的」，暗示服務生湯裡的問題，這樣的表達雖然不夠直接乾脆，不過換個角度想，或許男人便是考慮到友人的低調，不想爲難人的心思，所以體貼地替服務生留面子，輕巧轉彎，不直斥對方的不是。

　　這份寬恕心，也讓我們感覺到故事中情誼的互動，想必是十分溫暖謙卑的，在這樣溫和有情的交流下，難怪兩個人能成莫逆。

　　想換得別人的知心，自己先要付出真心，渴望擁有知交的人，是否也有此心思，能專情誠懇地只爲朋友呢？

看開，才有幸福的未來

對於一個早已離異的心，與其苦苦哀求，不如學會獨立。人生的傷口很快便會結痂，想讓傷口早早癒合，更要懂得珍愛自己。

你相信感情世界的因果論嗎？

或許很多人會點頭贊成，也許有些人會搖頭否定，但不管你心中怎麼認為，面對感情問題時，別忘了一件極重要的事，當下要面對的是今生今世，沒有人把握得住前世來生！

沒有人應承受所謂的「因果緣分」，更何況所謂前世餘留的情感，盼的終究是來生能得到圓滿幸福的緣，不是嗎？

有個年輕太太帶著滿臉愁容出現，今天是她和姐妹們的聚會，帶著愁容出現似有不妥，但她這幾天的心情實在糟透了。

「怎麼了，亞芳？」已結婚十年的芳華關心地問她。

亞芳嘆了口氣，說：「唉，我實在很痛苦，妳知道嗎？我老公一整個晚上都不在家，而我完全把握不了他的行蹤，唉，不知道他現在到底在哪兒？」

芳華了解後，卻笑著對亞芳說：「妳大可不必為這事焦急不安啊！仔細想想，說不定妳知道他在哪兒，反而會帶來更大的痛苦啊！」

故事雖然很簡單，卻毫無隱藏地將女人的無奈寫實表現出來，用心安慰姐妹淘的芳華，雖然話說得含蓄，卻也直接點出男人犯錯的可能。

疑心老公可能去花天酒地，甚至是出軌，亞芳和大多數女人一樣除了糾眉懷疑外，最終還是只能壓著苦惱煩悶，默默地癡等夜歸的另一半。

所以，芳華狠心點破：「與其知道後更痛苦，不如睜一隻眼閉一隻眼！」

問題是，說得容易做到難，哪個女人不希望自己的男人只疼她一個人，能看開的始終是少數，但肯看開的多數是聰明女人。

對於一個早已離異的心，與其苦苦哀求，不如學會獨立。男人不回家，那麼我們便在家裡開派對，重新找回青春活力；撫著渾身傷痕，女人要能分辨男人的矯情淚水，聰明地拒絕，並勇敢地為自己尋覓真正的幸福人生。

人生的傷口很快便會結痂，想讓傷口早早癒合，那麼女人們更要懂得珍愛自己，即使很需要人陪伴，也要睜大眼找一個「對的」伴侶。感情不是「得」便是「捨」，再難抉擇，最終還是得給自己一個明確答案，不是嗎？

聰明的女人，這個時候妳是否已知道要怎麼抉擇了呢？

真心誠意，人生才會快意

不想勉強自己，就不要強迫自己曲意奉承，勇
敢向對方表達心意，也坦率告知對方你的想
法，相信多數人都會體貼諒解的。

為了更了解身邊的人，許多人費盡心思觀察人們的擠眉弄眼，
也張大耳側聽人們的一言一語，結果真能看透每一個人嗎？

人和人之間的相處很簡單，如果總覺得他人虛情假意待人，
在埋怨別人之前，應該先審視自己對待他人的態度才是。因為，
人們對待我們態度，無一不是隨著你我的心思而行啊！

冬雪紛落，在這冰
天雪地、狂風大作的天
氣中，吉米為了去探望
一位生病的老友，在路
上摔跤好幾次。他每次
一摔總要好久才站得起
來，就這樣，他花了比
平時更多一倍的時間，
「跌跌撞撞」地「摔」
進友人的家中。

「老天爺啊，這一路走來

實在太可怕了。」吉米一進門，開口不是問候，卻是牢騷不斷。

「你知道嗎？我為了到這兒，每向前邁進一步，便得滑回去兩步，很辛苦才能走到這兒。」吉米繼續氣呼呼地說。

不過，他的朋友似乎未察覺其中的「怨氣」，反而感動地追問：「真是辛苦你了，那麼你到底是怎麼走到這裡來的呢？」

吉米喝了口熱茶，口氣很悶地說：「關鍵是在我狠狠地咒罵了一聲『鬼天氣』之後，我便轉身往回走，然後，總算走到了這兒。」

老友一聽，似懂非懂地點了點，然後還是一聲：「真是辛苦你了。」

非真心探望，卻又偏偏要上門拜訪，未免太過虛偽做作，還好吉米的朋友正在病中，頭昏腦脹，聽不清楚老朋友的埋怨。

笑看吉米轉身回家動作的同時，不妨想一想自己，是否也經常在人情壓力下或是在旁人的眼光中，常不知道該如何拒絕？又或是在人們耳提面命「不得罪人」的教訓下，時時勉強自己？

人際關係確實是一門複雜的課程，但無論怎麼複雜，我們還是能將之簡化。不想勉強自己，就不要強迫自己曲意奉承，勇敢向對方表達心意，也坦率告知對方你的想法，相信多數人都會體貼諒解的。

若是非常情況，對於眼前人事物不得不面對應付，那麼聰明的人便要懂得開解自己，而不是讓埋怨苦困心中。

一如故事中的吉米，如果他是聰明人，應該懂得這麼思考：「反正風雨天，沒其他事可做，出去走走也無妨。」

看一看朋友，會有什麼損失呢？更何況世事難料，很多時候身邊人轉眼說消失便消失，我們又何須計較那麼多呢？

用關心溫暖別人的心

把人放在心上，不是事事都要配合他人，而是要以關心溫暖人心，讓人們感受到真心對待，也才能讓人願意掏出真心對待。

不伸出你的手，別人怎麼知道你需要人扶一把？不展開你的笑容，人們又怎麼看得見你的善意？

希望能和人心靈相通也許不易，但是，遲遲不肯伸手把握，不願微笑以對，肯定得不到人們的點頭回應。

「失火了！」

乘坐的輪船失火了，有兩名猶太人在千鈞一髮間，鼓起勇氣往大海跳下去，或許是命不該絕，正巧落在一艘救生艇上。

茫茫大海，漂流好幾天了，始終看不見地面，也等不著其他船隻經過，其中一名猶太人忍不住向天祈禱：「親愛的神啊！請您幫助我們脫離苦海，只要您辦得到，我願意將一半財產全部捐給慈善機構。」

不知道是不是聲音太微弱，天神並未聽見他的請求，一天又過一天，始終不見救援船隊，或是希望的海岸。

這天，猶太人再一次向上天祈求：「主啊！只要您肯救我們，我願意捐出三分之二的財產，求求您了。」

帶著哀怨的聲調，猶太商人再次向天祈求，但是第二天，還

是不見任何希望明燈，酷熱的太陽照得他暈頭轉向。商人決心最後一搏：「主啊，只要您願意幫助我們脫離險境……我……」

「閉嘴！」商人的同伴忽然大聲一喝，把商人嚇得將話吞了回去。

「你沒看見我正在和上帝商量嗎？」商人不悅地對朋友說。

「不是啦！你看，那不是陸地嗎？我要是不及時阻止你，你就要變成窮光蛋啦！」伴伙說。

商人抬起頭，望向遠方，果真看見希望的海岸，轉頭只見他眼眶泛淚，有些激動地說：「謝謝你！」

千金難得有情人，或許對商人來說，在那一刻，他看見的不是希望生機，而是這個患難與共的好伙伴。

故事中，處處展現兩個人相互扶持的心，商人向上帝祈求時，總不忘另一個伴，又如終了，在連自己性命都難保的情況下，伙伴還能轉念想到對方的未來，那份相知相守，想必羨煞不少人，畢竟只顧自掃門前雪的人多，願意把他人放在心上的總是少數。

　　人都需要伴，無論是工作上的伙伴，還是人生道路上的伴侶，我們都希望自己能在對方心中占有一定的位子，即使不能時時照顧，經常見面，但一有互動就能明白對方心意。

　　其實，把人放在心上，不是事事都要配合他人，更不是時時都要關照別人的眼神，而是要以關心溫暖人心，讓人們感受到我們的真心對待，也才能讓人願意掏出真心對待。

講究氣派也不要忘了實在

在這個講求氣派與奢華的時代，吃，確實十分「享受」，不過從務實消費態度來看，光東張西望也無法餵飽肚皮！

你喜歡到華麗的餐廳用餐，還是偏愛路邊的麵攤？

如果可以選擇，你會選擇萬元價格但實際只要百元價值的食材，還是選擇百元價格，食材便占一半價格的餐點？

每個人都有自己的性格與喜好，從消費過程中能看出人的特質，是腳踏實地還是華而不實。

一個看起來有些憨厚傻氣的男子，大方走進紐約的一家餐館，點了一杯咖啡和一份丹麥點心。

吃完東西，準備付帳時，他一拿起帳單卻是瞪大了雙眼，不敢置信地問：「我吃了什麼東西？」

服務生說：「一杯咖啡和一份丹麥點心！」

「一杯咖啡和一份點心要十塊美金？你搞錯了吧！」男子驚呼道。

「總共十塊美金沒錯。」服務生禮貌而冷淡地說。

「兩口咖啡和一口點心要十塊美金？」男子不滿地說。

「是的，先生，不過請您再仔細看一看，我們還附加不少東西，像是牆上掛的藝術品，它們可值二百五十萬美元。還有，請

您抬頭看一看，這水晶吊燈更是世上最好的吊燈之一，要價五萬塊美金。再來，請您低頭看一看，這波斯地毯也要七十五萬美元。總之，你支付的部分不只是飲料食物，還包括這個優質的飲食空間。」

男子一聽，極不情願地付了錢，接著卻又說：「請再送一份咖啡和點心，別忘了，這額外的環境費用我已經付過了。」

人與人溝通、互動，最重要的一環，就是儘量用幽默的方法說出自己的想法。

動不動就爆粗口，以此宣洩自己的不滿，不但突顯自己弱智，也會讓人際關係越來越糟糕，唯有懂得運用機智和幽默輕鬆溝通的人，才是令人稱讚的溝通高手。

在這個故事中，只能說男子進錯了門，服務生也用錯了比喻，對大多數的消費者來說，吃氣氛的同時更講求食材的價值，當服務生高傲地點算著牆上的畫和天花板上的水晶燈，也間接否定了自家食材，不是嗎？

現代飲食文化再怎麼要求視覺和聽覺，也得以食材爲重，當

消費者覺得食物並未物超所值時，就算花了千萬裝潢，即使買了百萬杯盤器皿，同樣得不到消費者的心，更何況多數消費者只想要一個單純填飽肚子的美麗時光。

　　對照著我們曾經吃過的「大盤子」，想必不少人也發現，在這個講求氣派與奢華的時代，吃，確實十分「享受」，儘管不同的人有不同的需要，不過從務實消費態度來看，光東張西望也無法餵飽肚皮！

　　這麼想也許有人會覺得不夠「浪漫」，也太不懂得享受生活，但這一類人確實是這樣，浪漫不足但肯定務實，與其最終還要空著肚子找宵夜，還不如選擇乾麵清湯來得實在，它們的味道很多時候還勝過山珍海味。

用心辨識，才不會走錯道路

走在選定的道路，要靠著我們的機智心眼去辨識，一旦察覺風向變異，便要用勇敢和智慧積極解決，並聰明面對。

　　我們總說生活無法掌握的狀況太多了，但從另一個角度省思，真是無法掌握，還是我們對事太過輕忽？

　　為求生存，萬物都具備了敏銳觀覺的求生本能，包括你我也有相同的天分。

　　只是，相較於其他生物，自詡為萬物之靈的人類多了些自以為是的小聰明，甚至因為怠惰，失去了這項敏銳的觀察本事，讓自己不斷誤闖生活陷阱，誤踏上錯誤的人生方向。

　　有位婦女帶著一個小女孩來到一間連鎖速食店用餐，服務生看見小女孩長得可愛，便親切地問：「小朋友，妳要吃什麼呢？」

　　婦人聽見後，點了一長串：「漢堡、乳酪、烤牛排、雞肉三明治、炸薯條、蘋果餡餅、巧克力牛奶、香草牛奶、草莓牛奶、可口可樂、百事可樂、橘子汽水⋯⋯」

　　婦人一長串地唸著，服務人員也跟著手忙腳亂地包裝著，婦人唸完時，服務生也迅速將食物包裝妥當，親切地遞到婦人的面前。

　　就在這個時候，婦人皺著眉頭說：「這是什麼？」

　　服務人員說：「是您剛剛叫的餐點啊？」

　　「我還沒有開始點啊！剛剛我只是想把菜單上的食物名稱唸一遍給我女兒聽啊！」婦人著急地說。

　　若要怪這位媽媽太迷糊，似乎有失公平，若非服務生觀察不用心，沒能再次確認婦人和孩子的需要，也不會準備一大堆餐點呀！

　　看似平淡簡單的小故事，卻很深刻地表現了人們常犯的錯誤。

　　仔細想想，日常生活中，許多人不也和服務生一樣，常常不把事情問清楚便大聲宣傳，未能細究問題的真正緣由便妄加揣測，最後，不只帶給當事人許多不便和麻煩，更為自己平添不少無謂的困擾。

　　點錯餐還算小事，已經準備好的食物可以分食，但人生要是因為一個漫不經心而選錯了方向，那損失恐怕不是幾聲懊悔而已，想再重新開始，面對的又將是一段跌跌撞撞的路。

　　莫怪婦人錯誤點餐，也別怪人們為你指錯了方向，無論走在

什麼樣的道路上，都一定要謹記，最後的決定權始終在自己，走在選定的道路，也一樣要靠著我們的機智心眼去辨識，要觀察仔細，更要用心思考，一旦察覺風向變異，便要用勇敢和智慧積極解決，並聰明面對。

當你知道追求的目標是什麼，就會朝著心中的藍圖一步一步構築自己的夢想，而且樂在工作之中，不會將過程的種種艱苦當作無窮無盡的折磨。

　　這些人、這些事、這些回憶，已經毀掉了你過去的生活，沒有必要再讓它影響你現在的人生。

　　「放掉仇恨」不是一個選項，不是一種修養，更不是要花時間去達成的目標，而是一個當下的決定。

　　只要你下定決心，要讓過去的過去，要讓心中的仇恨連根拔起，就會發現，其實你比自己以為的還要寬容、還要慈悲，而你的生命也會變得比從前更加寬闊、更加美好。

　　至少，在你臨終的那一刻，心裡想到的不會是那些得罪過你的人，而會是每一個愛過你以及你愛過的人。

記得檢討自己，才能解決問題

應該從別人的善意指教中發現自己潛在的問題，而不是擴大成為「面子問題」，否則，做再多的努力，都不可能有效解決。

大家都知道，在指責別人的錯誤之前，應該要先檢討自己，許多人也都盡力朝這個目標去做。

但是，當我們受到別人指責時呢？是不是也應該要叫對方廢話少說，先檢討好自己再說？

有個男人在衣櫃裡發現太太有好幾件衣服，吊牌未剪，一次

也沒有穿過，不禁抱怨太太花錢實在太浪費了，買了新衣服卻又不穿，為什麼不想清楚以後再買？

妻子哪裡聽得進這一番話，咬牙切齒地說：「你是什麼意思，竟然說我浪費？我買那些衣服根本沒花到幾個錢，是你才花錢不用大

腦，隨便亂花錢！」

丈夫聽見對方做賊的喊抓賊，不先檢討自己，居然反過來指責別人，不禁也火大起來，對著妻子大吼道：「我怎麼亂用錢了？妳說啊，妳說啊！這兩年來，我連一件新內褲也沒有買，妳倒是說說看，我是怎麼亂用錢了啊？」

「還用我說嗎？證據就在那裡……」

妻子說著，指著擺在角落的滅火器說：「你看，你買那個滅火器已經快要三年了，卻連一次也沒有用過！」

受到別人指責時，我們的第一個反應往往會是：「你自己做得也沒多好，有什麼資格來說我？」

啓動防衛機制，是人受到攻擊時的正常現象。但是，情緒平復之後，我們也應該反過來這麼想：「就連那個做得沒多好的人都覺得我做得不夠好了，是不是真的有什麼應該檢討的地方呢？」

指責別人的「錯」，並不能讓你自己變成「對」。心平氣和地針對問題好好研究一番，才能讓你有更進步的機會。

我們要記住，沒有一個人是完美的，做錯事情很正常，受到別人的批評也是常有的事。

我們應該從別人的善意指教中發現自己潛在的問題，而不是把原有的錯誤擴大成為「面子問題」，否則，做再多的努力，都不可能有效解決。

把別人指責的話語看作一種「強力的建議」，不需要看得太嚴重，更沒有必要為了反擊而反擊。

保持好心情，問題才能看清

唯有保持樂觀開朗的心情，才能看清楚問題究竟出在哪裡，也把眼前的困頓挫折，轉化為一生受用無窮的祝福。

常聽人說：「得不到的東西，總是最好的。」這是因為不曾得到過，所以也無從挑剔起。

我們總希望自己當初做的是另外一個選擇，總是以為另外一個選擇一定會比較好，但事實真的是如此嗎？

更大的可能是，你當初做了一個不一樣的選擇，現在卻同樣感到後悔。

列車即將到站，吳教授問坐在隔壁的旅客：「您經常到這兒來嗎？」

「是啊，我每年都會來這兒好幾次。」

「那您能不能告訴我，哪一間旅店最好？」

「嗯……春天飯店。」

「喔，您總是住在那兒嗎？」吳教授又問。

「不，這裡的每家飯店我都住過了，只有春天飯店我沒有住過。」

這名旅客的言下之意，是每一家他住過的飯店都不好，反倒

是唯一沒有住過的飯店有可能會比較好。

　　這也是我們一般人經常有的心態，每當遇到不想遇到的困境時，免不了會想：「如果我當初沒有選這條路就好了」、「如果我點的是另外那樣菜就好了」、「如果我嫁的是另外一個追求者就好了」……。

　　所謂的「如果」，就是沒有發生過的事情。

　　天下太平的時候，想一想「如果」，可能會為你的生活增添一點樂趣。但是在逆境中還去想從前的「如果」，不僅用盡所有的心思也於事無補，還會讓你心情變得更壞。

　　做對了決定，我們要慶幸；做錯了決定，我們更要高興。

　　因為，唯有保持樂觀開朗的心情，才能累積更多正面的能量，看清楚問題究竟出在哪裡，把錯的決定變成對的，也把眼前的困頓挫折，轉化為一生受用無窮的祝福。

不聰明，也要有自知之明

裝出來的聰明，不是真的聰明，會連自己也都給騙了，阻礙追求進步的機會，永遠搞不清楚自己的問題出在哪裡。

俄國作家克雷洛夫曾經說過：「聰明的蠢才就是這樣沒有自知之明，自以為名滿天下，恍然大悟時方才知道自己的名聲僅僅限於蟻穴的範圍而已。」

做人可以不聰明，但一定要有自知之明。對於自己不懂的事情硬要裝懂，遲早會鬧出笑話。

說到萊特夫婦這兩個人，真是什麼樣的茶壺配什麼樣的杯子！

他們兩人都自命不凡、自以為是又愛慕虛榮，一般人只要跟他們相處十分鐘，就可以立刻領教到他們非凡的「功力」！

有一次，萊特夫婦一同去參加一個上流人士舉辦的慈善晚會。

等待晚會開始之前，大夥兒漫無邊際地閒聊打發時間，不知道是誰提起了莫札特這麼一號人物，有感而發地說：「啊，他真是一個絕對的音樂天才！才華橫溢，簡直無人能及！」

一聽到這種天才級的大人物，萊特太太的兩隻眼睛都發亮了。於是，她迫不及待地加入這個話題，想趁機出風頭，卻又故作輕描淡寫地說道：「喔，莫札特啊，我非常同意您的見解，他真是個大好人，我非常欣賞他，也許你們不敢相信，我昨天早上還在十九號公車上碰到他呢！我跟他聊了幾句，他正要去音樂廳表演，下車之前他還禮貌地親吻我的手，跟我道別，真是一個親切又可愛的人啊。」

萊特太太的話才剛說完，周圍頓時安靜了下來，大家都用輕蔑的表情看著她，還不時發出一些諷刺的冷笑。

萊特先生看見氣氛不對，感到有些羞辱，連忙拉著太太，氣沖沖地起身走人。

走出宴會廳外，萊特太太很委屈地說：「親愛的，你生氣啦？難道我說錯什麼了嗎？」

「哼！妳這麼蠢女人，現在才發現自己說錯了話嗎？」萊特先生怒不可遏地說：「妳簡直讓我丟臉丟到家了！妳這個自以為是的傻瓜，是哪一隻眼睛看見莫札特坐十九號公車去音樂廳了？連白癡都知道，十九號公車根本就不會經過音樂廳！」

每個人對知識涉獵的範圍都不同，受教育的機會也不一樣，承認自己的無知，不僅是謙虛、勇敢的表現，而且也是一件很「對」的事。

如果有些人因此而嘲笑你，那是他們沒智慧、沒水準，是他們的不對。但若是你因為怕被人笑而逞強，就必須自行為後果負

責。

有一句話說：「裝出來的東西，都不是真的。」沒錯，裝出來的聰明，不是真的聰明；裝出來的博學，不是真的博學。

更可怕的是，一旦假裝久了，會連自己也都給騙了，不僅無法真實面對自己，同時也阻礙追求進步的機會，永遠搞不清楚自己的問題出在哪裡。

陷在別人的眼光裡，不管你多麼努力想把自己包裝得再好，都不能令你真正得到快樂。只有誠實面對自己，自在做自己，才能活得又輕鬆又積極。

與其抱怨，不如改變

 與其抱怨你等的那個人怎麼還不到，不如讓等待的時間變得有意義。找出等待時不耐煩的關鍵原因，就不要浪費力氣去埋怨了。

　　很多人都很怕等待，一來是因為覺得浪費時間，二來是憂慮自己無法掌控之後的行程。

　　等待的時刻總是使人感到心浮氣躁，但是我們的生活當中卻還是有許多不可避免的等待機會。

　　為了出席一個飯局，李太太在臥室裡打扮很長一段時間了。

　　李先生在客廳裡，幾次不耐煩地催促，都只等到太太敷衍式的回答。

　　一個多小時以後，李太太終於打扮妥當，緩緩地走出臥室，卻不見先生的蹤影。

　　李太太緊張地大喊：「親愛的，你在哪裡？」

　　「在刮鬍子。」李先生的聲音從浴室裡傳來。

「咦，你早上不是才刮過鬍子嗎？」李太太疑惑地問。

李先生回答：「等妳等太久了，等到鬍子又長出來啦！」

所有的等待裡，人們最怕的就是等「人」。塞車有時候是難免的，排隊大都是自願的。但是當你約的那個人到了時間卻還沒出現，要你再給他十分鐘，卻又讓你等了一個多鐘頭，那種委屈、怨懟的滋味可真不好受。

有個調查研究人等待多長時間以後，會開始出現不耐煩的情緒。

你認為是多久呢？十五分鐘？半個小時？一個小時？

答案是，十分三十三秒。人的耐力還真是不可高估。

等待的時間之所以令人討厭，往往是因為我們不知道這段時間要用來做什麼。換句話說，只要我們可以妥善利用等待的時間，每一個人都可以成為充滿耐心的「等待專家」。

與其抱怨你等的那個人怎麼還不到，不如隨時準備一本書、單字表，或是一些零碎的工作在手邊，讓等待的時間變得有意義。

既然不能因為你老婆動作慢就換個動作快的老婆，也不能因為你約的人遲到而掉頭就走，更不能從緩慢的車陣中脫身而出，既然沒有辦法不等，那就盡力去做個快樂的等待者吧！找出等待時不耐煩的關鍵原因，就不要浪費力氣去埋怨了，此時不妨找事情讓自己做，還比較有用。

無法獨立，只會為家人帶來壓力

 學習獨立，就從照顧好自己開始。如果連這點都無法做到，那麼再怎麼努力，都不可能成長。

依靠別人，是一種幸福，但是太過依賴別人，卻會為別人帶來壓力，為自己製造不幸。

一味依賴別人，自己卻不肯學習、不肯成長，不但會讓自己成為負累，同時也會讓自己陷入不快樂的深淵。

有個有錢人的兒子，已經長到了三十歲，卻什麼事都不懂，只知道依靠著父親，糊裡糊塗、渾渾噩噩地過日子。

一天，父親請了一位算命先生來算命。

算命先生摸了摸有錢人的手，鐵口直斷說這個人可以活到八十歲。

有錢人才剛剛過完五十歲生日，算一算，還有三十年好活。

　　算命先生又摸了摸有錢人的兒子的手，斬釘截鐵地說他可以活到六十二歲，也就是說，還可以再活三十二年。

　　兒子聽了以後，傷心地大哭起來，說道：「我父親只能再活三十年，而我卻可以再活三十二年，那麼，我六十歲以後的那兩年要靠誰來過活啊？」

　　有些人把依賴別人當成一件理所當然的事情，覺得「在家靠父母，出外靠朋友，婚後靠老公，老了靠子孫」，然而，什麼人是你可以永遠依靠的呢？

　　就算有，憑什麼你可以像個寄生蟲似地依賴他人？

　　每個人活著，最基本的責任就是要養活自己、打理好自己的生活。遇到可以照顧我們、讓我們依靠的人，是我們的福氣，但是反過來說，我們也應該要照顧對方、支持對方，讓我們所愛的人，也能夠成為一個有福氣的人，讓我們帶給他的不是負擔，而是幸福。

　　學習獨立，就從照顧好自己開始。如果連這點都無法做到，那麼再怎麼努力，都不可能成長。

　　不要讓自己成為家人的煩惱，就是愛家人最好的方式。

用幽默輕鬆溝通全集

作　　者　塞德娜
社　　長　陳維都
藝術總監　黃聖文
編輯總監　王　凌
出 版 者　普天出版家族有限公司
　　　　　新北市汐止區康寧街 169 巷 25 號 6 樓
　　　　　TEL / (02) 26921935 (代表號)
　　　　　FAX / (02) 26959332
　　　　　E-mail：popular.press@msa.hinet.net
　　　　　http://www.popu.com.tw/
　　　　　郵政劃撥 19091443 陳維都帳戶
總 經 銷　旭昇圖書有限公司
　　　　　新北市中和區中山路二段 352 號 2F
　　　　　TEL / (02) 22451480 (代表號)
　　　　　FAX / (02) 22451479
　　　　　E-mail：s1686688@ms31.hinet.net
法律顧問　西華律師事務所・黃憲男律師
電腦排版　巨新電腦排版有限公司
印製裝訂　久裕印刷事業有限公司
出 版 日　2019 (民 108) 年 9 月第 1 版
I S B N◉978-986-389-658-6　　條碼 9789863896586
Copyright◎2019
Printed in Taiwan ,2019 All Rights Reserved

國家圖書館出版品預行編目資料

用幽默輕鬆溝通 全集／
塞德娜編著. — 第 1 版. — ：新北市, 普天出版
民 108.09 面；公分. -（生活講義；159）
ISBN◉978-986-389-658-6 (平裝)
CIP◉177.2